さすらい温泉♨

遠藤憲一

極上温泉ガイド

TAC出版
TAC PUBLISHING Group

まえがき

後藤庸介監督が語る「さすらい温泉♨遠藤憲一」のロケ地は、なぜこの12の温泉になったのか?

最初は有名温泉地や、ドラマを観て、「あーここ行ってみたいよね」という憧れの的になるような温泉をロケ地にしたい、という目線で探していました。加えて、「映像的に映える」「温泉がよくみえる」という、なんていうんですかね、料理を温泉に替えた『孤独のグルメ』温泉版のようなドラマにしたいな、というイメージがあって。そんな目線ももちながら、そういう条件でみていくと、温泉自体（浴場）が広くないと映像にはおさめづらいことがわかったり、明かりの具合はどうなんだろうとか、実際にお風呂に入るとすごくいいけれど、画にはしづらいところもあったりして。とにかく、ドラマのなかで、いかに温泉自体のみえ方が、いい感じによくみせられるかを重視したんです。それと同時に、12の温泉を探すうちに、「物語性があるのがいちばんいいよね」というふうに、徐々に決まっていった感じもありますね。宿の歴史、土地の文化、自分たちが行ってみた雰囲気、味わい、温泉街の佇まいなどによって、物語のイメージがわくというか……。

ドラマの舞台の温泉地へは、何度も足を運んだ

最初の頃は、シナリオハンティング（シナハン）をして、1〜2週間の間に話の骨組みを決めて、骨組みが決まったところで、行く温泉地、温泉宿を決める。そこから1カ月前、あと1カ月あるよという段階で、よりシナリオを深め、エンケンさんに1カ月後のスケジュールをもらい、ゲスト

今回登場する12の温泉地

第一湯	奈良屋 草津温泉（群馬）
第二湯	北温泉旅館 北温泉（栃木）
第三湯	裕貴屋 下部温泉（山梨）
第四湯	歴史の宿 金具屋 渋温泉（長野）
第五湯	法師温泉 長寿館 法師温泉（群馬）
第六湯	天翠茶寮 強羅温泉（神奈川）
第七湯	竹林庵みずの 網代温泉（静岡）
第八湯	千明仁泉亭 伊香保温泉（群馬）
第九湯	新井旅館 修善寺温泉（静岡）
第十湯	古山閣 銀山温泉（山形）
第十一湯	渓谷別庭もちの木 養老渓谷温泉（千葉）
第十二湯	かやぶきの郷 旅籠 薬師温泉（群馬）

のキャスティングを決めて、撮影のスタッフでロケハンに行く……という作業をして、具体的に1カ月後に撮影をする、そんなスケジュールを組んでいました。

それがまぁやっていく間に、どんどん時間が縮まっていき、最終的には全工程が2週間くらいになった話もあります。最後のほうは、シナハンに行ってから、2週間後に本番の撮影をする（笑）……ということも。

温泉地に行くタイミングは、シナハンとロケハン、本番と3回。なるべくシナハンは泊まりにして、本番の撮影は1泊2日。シナハンは、僕と脚本家さんと制作担当と3人で行き、僕が行けないときは、2人で行ってもらったり。シナハンでアイデアを思いつけば、脚本家も早いというか、書きやすかったと思います。まぁ、よくも悪くもテマがかかりましたね。でもそのぶん、温泉や歴史、土地についての多くの情報が入れられるし、映像もリッチで豊かになっていたかなと。

温泉地選びに、さらに重要だったものとは？

ふつうのドラマだと、ヒロインとちゃんと会う設定があって、徐々に仲良くなって、でも何か事件が起きて、というようにしっかり流れをつくると思うんですけれど。「温泉地」って、突然仲良くなったり、なんの前ぶれもなく別れてしまうとか、そんな人情劇を理屈を通さずに描ける場所なのではと思ったんです。逆にそういうドラマ性は、いい意味で薄くして、

どちらかというと温泉地の風情とか情緒とか、何もしないけどただ2人で歩いているとか。そんなイメージが最初は高かったんです。

でも草津をつくっているときに、とはいっても、22〜23分の尺しかない1話完結のドラマだからあまりユルすぎても、次に行けないねと。これはエンケンさんとお話しして思い描いた共通認識ですが、リアリティ性の高いリアルなお芝居で、あまりマンガっぽくしない。温泉地紹介も含めて、もう少し大人が楽しめるようなテイストにしたい……と。

そんなときに「クライマックスをどう設定する?」『寅さん』ぽいの、『人間交差点』のようなもの、などをお互いがイメージしているのがわかり、

「どうやって終わらせる?」

「ちょっとガッ!と、強度をもって終わらせないと、終わらないかもね」

「じゃあ、どーする?」

「いっそのこと、そっからポーンと、ファンタジーみたいだけど、扮装をテーマにして、つくってみたらどうか」と。

トランクをもってくるというイメージはもともとあったので、そのなかから何かが出てくるんだと。リアルにお芝居して、リアルに撮るけれど、「その扮装、なんなの?!」みたいなことを逆に楽しむシュールテイストといいますか、一歩先の笑いというか。ほらびっくりだよ、というコントっぽいものではなく、ちょっとシュールな笑い。

そんな「扮装して話を解決しましょう」が、草津の撮影時により明確になり、今後もそういうルールでやりましょう、となった。

後藤庸介監督
1977年11月21日生まれ、神奈川県出身。2002 年、京都大学文学部卒業。TBSを経て共同テレビに所属。現在はフリー。殆どの作品で監督とプロデュースを兼ねる。主な作品「代償」(hulu)、「パンセ」(TX)、「世にも奇妙な物語」(CX)など。

　ただ扮装ということに関していうと、主に僕のイメージですが、温泉地とか宿とか、土地とか、その扮装自体が、場所や物語性に紐づいていないとダメじゃないの？　というのが、すごくあって。1話の船長は、草津温泉になんら紐づいていない。マドンナの事情には、紐づいていますが、なんていうんですかね、ヒロインの事情って、こっちがつくっているもの。いわばドラマは全部、こっちがつくっているので、当たり前なんですが、「こっちがつくった設定に紐づいた扮装」をしても、フィクション性が高まるだけだと思うんです。たとえば北温泉は「天狗の湯」だから、天狗の扮装をして出てくる、というのがきちんと物語に関係していて、物語をちゃんと解決するような行動ができる。そんな紐づけ方をしていないと、どうかな？　と。草津は、こういうパターンでやってみようとベーシックにやったんですけど、それ以降は、実はそこがけっこう、温泉地選定のポイントといいますか、物語性のなかに「扮装しやすい」「扮装もイメージできる場所」というのも正直ありましたね。なにか、ただきれいとか、ただ気持ちがいいとか、それだけではなく、なにかを妄想しやすいというか。こんなところで、こんなことが、もしかしたらあるかもねって。まぁあんな仲居さんはいませんけど、もしかしたらいなくはないんじゃないの？　という……（笑）。

　マドンナと出会い、別れる、そういう妄想ができそうな場所。よりドラマチックな出会いと別れを妄想できそうな場所＝物語性を重視（イメージ）しました。いわゆるワケアリ系の逃避行的なことも多かったかもですが、それだけではない。なにかしら特徴がある、物語性というほど大げさなものではなくても、バラエティに富んだものにしたつもりです。

「さすらい温泉♨遠藤憲一」極上温泉ガイド

もくじ

草津温泉

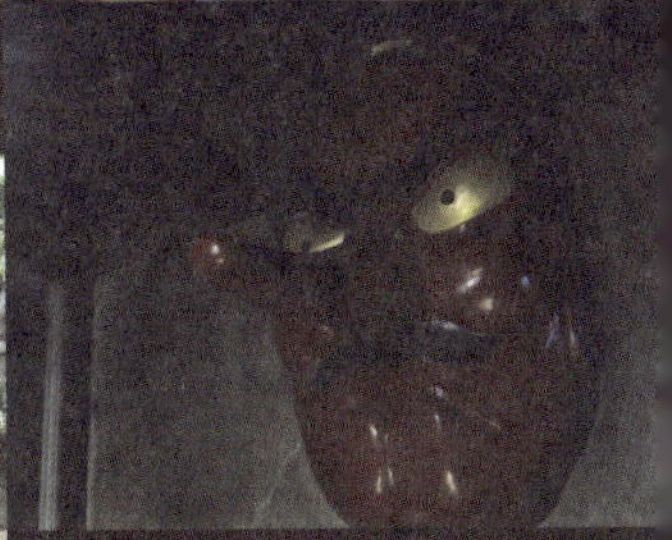

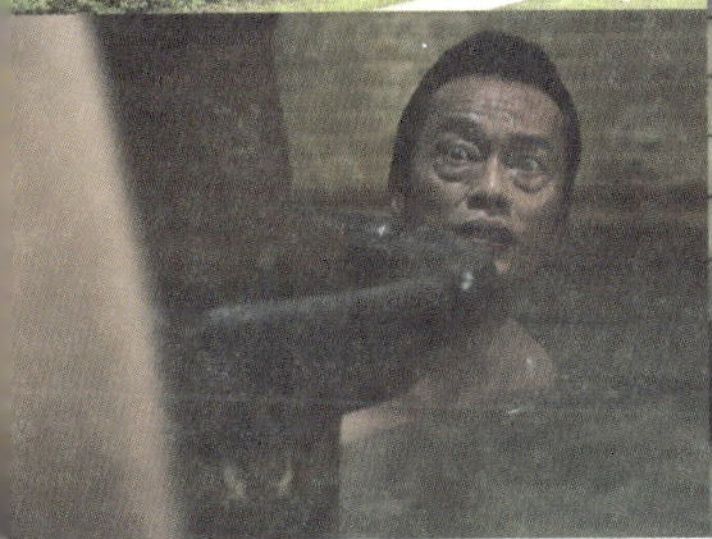

健

仲

「遠藤さん、役者を引退するって聞いたんですが、本当ですか？」

テレビ東京控室。トランクに荷物をつめ、台本を読む遠藤憲一

「遠藤さん、役者を辞めると聞いたんですが……」
「……」
何も答えない。遠藤憲一は、ただ黙々と荷物をつめるだけだ

我々は、驚くべき情報を入手した。遠藤憲一が俳優を引退して、温泉の仲居になるというのだ——。我々はその真相を確かめるべく、遠藤憲一を追った。

「遠藤さん、遠藤さん、本当のところ、どうなんですか、遠藤さん!!」

「遠藤さん、どうなんですか？　俳優を、本当に、辞めちゃうんですか？　どうなんですか、本当に辞め……」
「ん?!」一瞬、手を止め、目を合わせるが……

「遠藤さん、遠藤さん……」。遠藤憲一は無言でテレビ東京を出発した

さすらい温泉♨遠藤憲一

極上温泉ガイド

✿遠藤憲一のオレと温泉

✿後藤監督&遠藤憲一が語る12の温泉

Special interview

遠藤憲一のオレと温泉

　長湯はできないけれど、温泉自体は好きです。3日連続で仕事がオフだったら、女房と温泉に出かけます。部屋を変えて、ふだんの生活とイメージを変える。気分転換、日常を変えるという意味でね。去年は温泉じゃないけど、神戸と広島に行ったかな？　温泉は島原だったかな？　でも、そうちょくちょくは行けないですね。

　昔、犬飼っていたときは、修善寺の温泉に3回行きました。ここはペットOKなところなんですが……、ペットOKなところって端の部屋にされそうじゃないですか。そこはもうペットを飼っているひとだけが来るところ。ペットの食事もあるし、ひとの料理もおいしいし、部屋食だし、ちゃんとした宿なんです。犬が亡くなっても一度、行ったかな？　さきほども言いましたが、料理とかお風呂とか雰囲気がいいんで。って、ここは番組と関係ないか（笑）。

温泉は、撮影で行ったって、気持ちがいい！

ロケで泊まりのとき、温泉のある宿だと、気分がいいですね。朝、温泉に入るとね、浴場が広々としているから気持ちがいいし、腰痛もちなので、腰にもいいですから。長い時間、撮影していると腰にくるんですよ。いまも癖ついちゃって、なるたけ出かける2時間前には、浴槽に浸《つ》かります。朝、お風呂に入ると気持ちがいいですし、その日一日、調子がいいんですよ。

ドラマは拘束時間が長くて、撮影時間が13〜14時間だったりしますから。『さすらい温泉♨』なんて、もっと時間かかったもの（笑）。

毎回、どこの温泉も気持ちよかったですね。ただ、のぼせる直前まで撮っているので、立ったり座ったりしながらですけれど。そうだ、スピンオフを撮ったときは、いままでにないくらい真っ赤になっていて、たしか3場面、お風呂に浸かったんですよ。すぐさまメイクさんが気づいてくれて、氷で冷やしてくれましたけどね（笑）。

女房の実家は、北海道の倶知安《くっちゃん》というニセコのほうで、周りは温泉だらけなんです。遊びに行ったときは、よく近所の温泉に入りました。そうだ、前にね、そこの露天風呂に行ったときに、はじめは誰もいなくて、ひとりでのんびり浸かってたんですよ。そうしたら突然ガヤガヤし始めて。うわーって入ってきたのが、ラグビー部の合宿のひとたちだったんです。身体のがっしりした、筋肉隆々の男たちが、ぶわーって入ってきて。それで「ああ、どうも」なんて話しだしちゃったんですけど、だんだん、熱くなってきてのぼせ気味に。でも、オレの身体、細々しいんで（笑）、彼らと比べると、なんだかお湯から上がるのが恥ずかしくなっちゃって。ただもういい加減、のぼせる寸前だったから、耐えられなくて、「ちょっとお先です」なんて上がりましたけど。

オレはふだんも、あまり体を隠したりしないほうなんですよ。温泉では伸び伸びしたいし、内湯から、露天にも行ったりするほうですから。でもそのときは、ちょっと隠しながら、そそくさと上がりましたね（笑）。

『さすらい温泉♨』各話のこぼれ話

第一湯♨草津について

湯畑もあるし、有名な温泉地ですよね。大人も子どもも観光として行くなら、楽しめますね。個人的にも行ったことがありますよ。撮影は夏場だったかな？　子役の子とアイスクリーム食べながら、温泉街を歩く場面があって。ああいうふうに、家族とか、カップルで、ぷらぷら町を歩くのもいいですね。おみやげ屋さんもいっぱいあるし。

少し変わったテイストのドラマなので、この初回に関しては視聴者の方がどんなふうに観たらいいのかわからず戸惑いながら観てくださったんじゃないでしょうか。

第二湯 ♨ 北温泉について

天狗の湯があったところですね、ここは独特。でも別世界に行きたいひとには、いいんじゃないですかね。ロビーから下のほうに行くと、子宝にご利益《りやく》がある神社?があったり。でっかいプールのような、泳げるくらいの野天の温泉もあるし。内湯には実際、天狗のお面もかけてあります。

　この回は、観るひとによって、好みが分かれるかもしれません。エロすぎてもダメだし、かといって突飛な格好なので……、そうとう監督とカメラマンと、話し合いながらつくりました。「ただのバカになっちゃダメ!」、だから撮り方もマジな加減までと、いろいろと工夫してもらいながら。マドンナの山口紗弥加さんが真剣モードで頑張ってくれて不思議なムードを醸し出しています。

　変装(=扮装)して出てくるシーンは、バカなことをやっているその先の……バカなことなんだけど、「何だこれ?!」というその先の、「あれ?」というところまで到達させていくのがいちばん難しい。

　なんかわからないんだけど、観てる人が「うっ!」てなる領域まで、感情移入できるように見せるというか、入らせるのが、いちばん難しかったですね。

第三湯 ♨ 下部温泉について

宿の目の前に川があるところだよね。アイドルを応援する回の? この回は、けっこう好きなんですよ。川の前でオレらが、オタ・ダンス踊ってね。

　温泉自体は、ぬるいお湯と、熱いお湯に交互に入ると、体にいいらしいですよ、湯治をするひともいるくらい。温泉は、洞窟風呂になっていて、かなり奥深く降ります。

　ここは泊まったんですけど、オレ、寝るときって、雑音が気になるんですが、川の音、せせらぎが心地よくて、ここはいい感じだなぁと思いましたね。

　マドンナ役の大場美奈ちゃんとも、本気モードになるまで、ちょっとディスカッションしました。そうすると「あっ、そっちまで、気持ちもっていかないとダメなんだ」と気づくみたいで。彼女のアップを映すシーンで、(遠藤さんは映らないけど)全部フルで、オタ・ダンスを踊ってあげたんですよ、彼女の目線で。そしたら「もう1回いいですか?」となって。だけどそれがまたエネルギーになっていく。あのときの、彼女の気持ちがあふれていくような不思議な表情が、すごくよくて。それを見てジーンときました。だからその領域まで、もっていくように……、まっ、全部の回がそこまでいけたわけではありませんけど、一応そこをめざしてつくっていましたね。

第四湯♨渋温泉について

ここは歴史のある宿でしたね。大広間で、漫才をする場面で使ったんですけど、すごい雰囲気のいいところでした。ロビーの横の通路が、宮崎駿さんの『千と千尋の神隠し』のような雰囲気があって。それと手ぬぐいにスタンプ押しながら、いくつも外湯を巡るところだったから、町歩きをしながら、温泉が楽しめますね。ドラマでもしずちゃん(南海キャンディーズ)とたくさん町歩きしています。昔ながらのスロットマシンもあったり。夜になると、ライトアップされてきれいですよ。

第五湯♨法師温泉について

周りの風景が、もう抜群です。オープニング(山並みを下から上に引いて、壮大な緑の自然を見せた)の画も、ここで撮りました。ここはあの画のように、森、山のなかに、ポンと宿がある、ポンっていっても大きいんですが、昔ながらの風情のある宿です。周りの風景と建物がマッチしていて、旅情というか情緒というか、雰囲気が楽しめますね。

ああそうそう、ここのお風呂はJRの『フルムーン』の宣伝ポスターに使われたところ。『さすらい温泉』では、佐々木すみ江さんが時を超えた恋の話を、とてもチャーミングに演じてくださいました。あれは佐々木さんじゃないとできなかったと思います。朝ドラで娘役をやってくれた堀田真由ちゃんと、一緒にお風呂に浸かっているシーンがあってね、この回が作品的には……、好みによるかと思いますが、女房はいちばん好きって言ってますね、ある種の緊張感と人情、そしてテイストがね。

第六湯♨強羅温泉について

ロビーに足湯がついてるバーがあって、部屋も造りもすべて洋風の、自分自身は、こういう宿がけっこう好きなんで、くつろげました。作品のなかではね、最後、駅伝の扮装をしていて、霧のなかからボワーンと登場するんですけど。あれ偶然、霧がかかったり、すんごい暴風になったりと、標高が高くなるにつれ、突然天候が変わるんですよ、自然現象の変化がすごかった。最後、走っているときに監督に「この霧、利用しよう!」、いちばん霧が濃いときに、「俺が奥から最初はうっすらと、そして走っていくにつれ、だんだん、見えてくるように撮りたい」と言って。でもカメラをセッティングしているとき、どうしてもパーっと、霧が晴れちゃう。ある瞬間に、うっすら霧がでてきて、「きたきた、ほらきた!　早く早く~」、カメラマンさんも慌てて撮って(笑)。

でもそういう自然の不思議な現象と、上手に遊べる作品ですからね、このドラマは。

実は、先にマドンナの加藤貴子さんがゴールで待っているシーンは撮り終えていて。ちゃんといい芝居だったのに、全部撮りきったら、加藤さんが「泣いてるところ、私、もう1回やりたい!」って……。役者としてつくる気持ちが、〝もっともっと、やってみたい〟と思ってくれるんでしょうね。そういうなんか不

※佐々木すみ江さんは平成31年2月17日にご逝去されました。謹んでご冥福をお祈り申し上げます

思議なエネルギーのある作品ですね。その場で起こったことを、バン！ と即座に利用できる。

　雨が降ったり、霧がでると、ふつうは撮影がストップするんですが、このドラマは、むしろこれをどうしようか、どう利用しようかと、みんなで考えながらつくっていく。いろいろ疲れるドラマ(笑)でしたが、充実感がありましたね。

　こういうつくり方はおもしろかったし、よかったなぁ。

第七湯 ♨ 網代温泉について

　板前さんに扮装したんですが、オレ、実際、料理とかできないんです。だからいちばん大変だったのは、かつらむきのシーン。実際は宿の板前さんにかつらむきをしてもらっていて、そこを「なんとか手元と俺の顔が一緒に、同時に映るように撮れないですか」と監督とカメラマンに聞いて、それでその板前さんに、二人羽織のように後ろから手を回してもらったんです。あれは、かつらむきをしている板前さんのほうが大変でしたね。完全に協力していただきました。この回はやっと恋が実りそうになりますが、事務所の社長に邪魔をされて終わってしまいました。

第八湯 ♨ 伊香保温泉について

　オレ、伊香保自体に思い出があって。ずーっとオレ、21歳のときから、新宿に住んでいて、20代前半のときに、夜はビジネスホテルに泊まって、新潟方向をめざして、歩いてどこまで行けるかってやったことがあるんです、国道17号を歩いてね。そしたらゴールが伊香保温泉だったんですよ。帰りの電車賃だけは残さなくちゃいけなかったんで、ああここまでだと。それでも5日間かかったのかな。だから、まさかここでロケするとはなぁって感慨深かった。

　伊香保は階段があって、独特な情緒のある温泉街ですね。実際のシーンでは、卓球をしたんですが、この回での後悔は、卓球のラリーのシーンでCGが使えればね、よかったなぁと。もうちょっとパンパン、パンパン、って打ち合いができればよかったなぁと。

　そうそう、ここは川沿いに散歩できる道があるんですよ、川には赤い橋がかかっててね。ここもさっきの草津と同様、家族で観光や旅行するにはいい場所ですね。

第九湯 ♨ 修善寺温泉について

　修善寺はペットを飼っていたときに一緒に行っていたので、風景は覚えているし、川もあるし、風情もあるし、いいところです。

　マドンナ役の阿部純子ちゃんとは、ほかのドラマで、親子の役をやっていたんで、なんか不思議な雰囲気でしたけど。ああここでは、人力車（扮装で）をひかしてもらったんだ。実際、ひいてみたら「筋がいい」とほめられました。

コツは、人力車をなるべく水平に動かして、上下に揺らしちゃいけない。飛び跳ねるようにポンポンしない走り方は、時代劇で訓練してたので、体が覚えているというか、すーと、まっすぐに走れる。

だから人力車もスムーズに動かせましたよ。上下に揺れると、乗っている人も怖いだろうしね。

第十湯♨銀山温泉について

真ん中に川があって、その両側に温泉宿が並んでいて。夜になると、そのあたりをキラキラと、オレンジ色のライトで照らして、それが一面、すごーくきれいにライトアップされている幻想的な世界でしたね。そうとう前から予約を取らないと、宿泊できないらしいですよ。オレたち撮影スタッフは、ビジネスホテルに泊まりましたから（笑）。

近くにはおみやげ屋さんとか、滝とか、神社があって。宿のキラキラしたきれいな夜景や雰囲気も楽しめて、しかもちょっと歩くと、そういった観光地や見どころもある場所。人気がある理由が、行ってみてわかりました。

第十一湯♨養老渓谷温泉について

マタギの回ですね。あのシーンは、本当はもっと、セリフやりとりがあったんですが、時間もないし、いきなり、トン汁を食べるシーンから入っていますが……。あれはものすごく内容に悩みました。

マドンナの野波麻帆さんは子どもを亡くしている設定なので、あまりペラペラしゃべっても、伝わらないと思ったので無言のお芝居をつくろうと。「天国にいるよ」なんてものではなく〝つねに自分の思いのなかにいる〟、だから〝自分の思いのなかで会話をすれば、子どもと通じ合えるんだ〟というふうになればいいなぁと。だから、無言で表現した。独特な作品になった感じですかね。

第十二湯♨薬師温泉について

そうそう、ここは広い温泉郷のなかに、古い日用品や道具などを展示している、ちいさな古民家が点在している場所で、それを歩きながらどんどん下に降りていくと、大きな温泉宿にたどりつく、という。とにかくね、敷地が広くて。夜、ひとりで、部屋に戻ろうとしたら、少し歩かなきゃならないんですよ。オレ、方向音痴なんですけど「もう、道順を覚えたから大丈夫」なんていって歩いていたら、急に、進入禁止という立て看板があって。「え、どういうこと、これ？」、いまなにか撮影でもやってるのかなと、気にしないで、その看板を乗り越えて行ったら、すごーく大きな滝の音がし始めて（笑）。「違う、これ。このまま行ったら、ヤバイことになる！」って引き返しました。敷地内にいろいろあって、迷っちゃいましたね。

第一湯

奈良屋

草津温泉
（群馬）

一日、温泉を溜めておいて、温度を調節したり、お湯をまろやかにするらしいですよ。見た目もきれいだし、何より浴場に広がる匂いがいいですね。

草津温泉は大きな湯畑があって、風情がいい！

第二湯

北温泉旅館

北温泉
（栃木）

神のそばにいる感じ！

とにかく湯量が豊富で、自然にあふれています。修験者が、修行の疲れをいやしにくるような温泉で、まさに別世界。温泉以外、何もないけど、そこがいい。

天狗のお面が、ご利益ありそーでしょ。

詳しくは三六ページへ！

第三湯

裕貴屋

下部温泉
（山梨）

洞窟風呂が、
気持ちよい！

湯船の底から自噴湧出している温泉が、本当に心地よくて。さすが、武田信玄の隠し湯です。宿構えもいいし、お庭、建築もすばらしい。伝統と歴史が感じられます。

詳しくは四〇ページへ！

ぬるいお湯と熱いお湯に、交互に入るのが最高!!

第四湯

歴史の宿 金具屋

渋温泉
（長野）

お風呂の数が
多くて、楽しい！

建物だったり、デザインだったり、時代時代の古いものが混在していて、カオスなんだけど、それが美しい。お風呂の数もたくさんあって、興味深いですよ。

カントク

詳しくは四四ページへ！

これぞ、『千と千尋の神隠し』の世界！

仲居派遣

第五湯

法師温泉 長寿館

法師温泉
（群馬）

美しい景観、ひと、サービス、文句なし。文人墨客に愛された理由がわかります。温泉はノーコントロールで、お湯も適温。スッと入れて、そのままいられます。

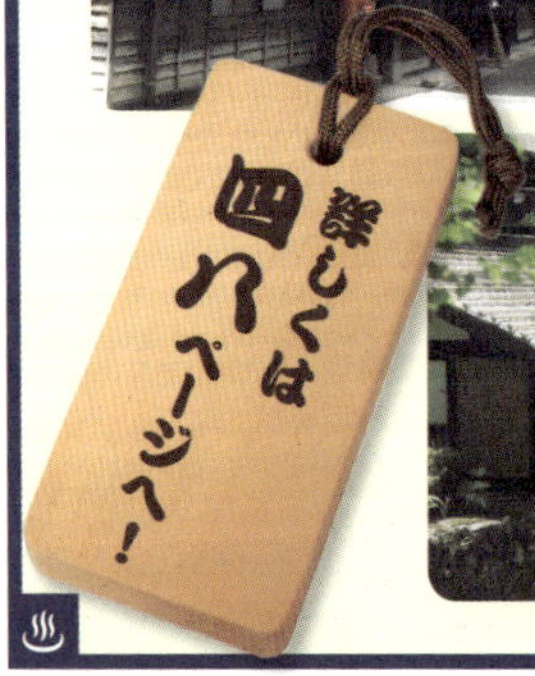

森の中に
ポンとあって、
これがいい。

第六湯

天翠茶寮

強羅温泉
（神奈川）

こもりに行く温泉！

足湯カフェがあって、部屋にもお風呂がついていて。きれいだし、ホスピタリティも充実していて、いい意味で放っておいてくれる。恋人と一緒に行くといい宿。

カントク

ここ、くつろげたなぁ〜。

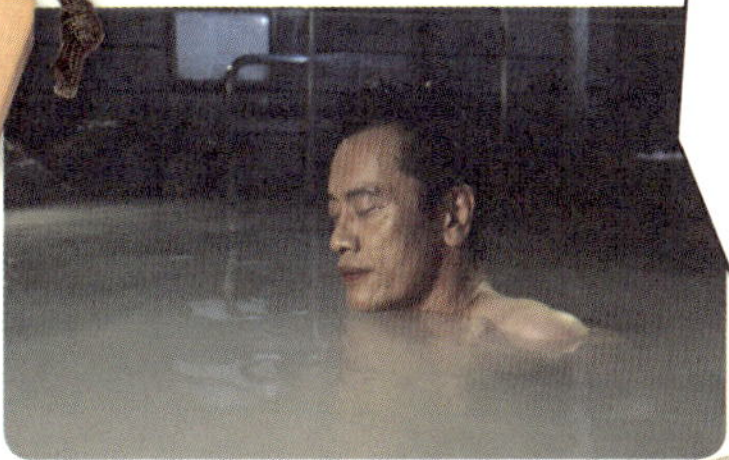

仲居派遣

詳しくは五二ページへ！

後藤監督＆遠藤憲一が語る12の温泉

第七湯

竹林庵みずの

網代温泉
（静岡）

料理が抜群！凄い

板前さんが、目の前で料理をしてくれる宿。料理を中心にしたホスピタリティが最高。部屋はもちろんオーシャンビューで、お風呂もついています。

詳しくは五六ページへ！

海も、宿のスナックもいい！

仲居派遣

第八湯

千明仁泉亭

伊香保温泉
（群馬）

黄金色の
お湯に感激！

匂いといい、見た目といい、温度といい、とにかく温泉が入りやすくて、ほっとできる。純和風旅館でレトロな感じです。インター降りてすぐに行けるというのも魅力。

詳しくは六〇ページへ！

伊香保はね〜、思い入れが強い場所。

第九湯

新井旅館

修善寺温泉

（静岡）

いくつもあるお風呂は、こまやかな造作が施されていて、贅沢な空間。しかもお湯がやわらかい！　芸術に造詣が深いので、美意識が高く、居心地がいい宿です。

詳しくは六四ページへ！

宿を含め、風景がいい。

第十湯

古山閣

銀山温泉
（山形）

情緒があって、浸れる

大正ロマンたっぷり。景観を大事にしている場所。お風呂はもちろん、雰囲気がいい。夜になるとライトアップされるので、情緒があって、旅情をかきたてられます。

詳しくは六八ページへ！

川がキラキラしてたなぁ〜。

第十一湯
渓谷別庭もちの木
養老渓谷温泉（千葉）

後藤監督＆遠藤憲一が語る12の温泉

静かに、いやされる

宿の裏には川が流れていて、その反対には山があって。自然に包まれた宿です。川を望む露天風呂もいいし、余計なものがなく、華美ではない。そこがまたいい！

自然に包まれてる感じ?!

詳しくは172ページへ！

第十二湯

かやぶきの郷 旅籠

薬師温泉

（群馬）

広い敷地のなかに、いろいろな古民家を移築した宿。とにかく広くて、敷地のなかで『捕り物帳』が撮れるくらい（笑）。時代や歴史にふれられるので、家族連れにいい。

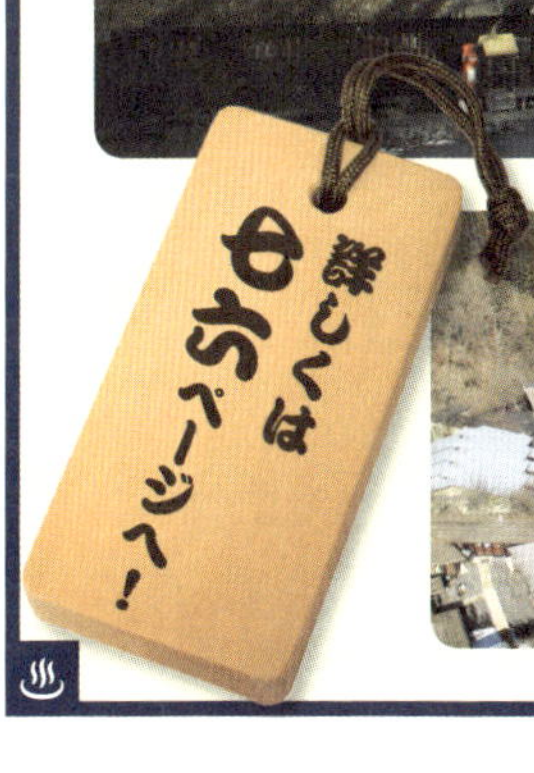

広すぎて、迷子になりました〜。

「遠藤さん、役者を引退するって聞いたんですが、本当ですか?」

「遠藤さん、遠藤さん……どこに行かれるんですか? 今度はなに温泉ですか?」。我々の声を気にもとめず、足早に次の温泉地へ向かう遠藤憲一

「遠藤さん、遠藤さん、遠藤さ――――ん」。いくら問いかけても、またも振り切られてしまう

我々は、遠藤憲一を追い続けるうちに、本当に俳優を辞めるかもしれないと感じていた。草津温泉、北温泉、下部温泉、渋温泉……。遠藤憲一が訪れた温泉地は、どこも風情があり、さまざまな魅力に包まれていたからだ

「遠藤さん、犬になつかれていないってご友人がおっしゃっていましたけど」

「……」
「4年前にまめちゃん亡くなられて……」
突然うろたえる遠藤憲一

「遠藤さん、遠藤さん!!」

「……」

「あの、バス終わってますよ、もう」

「……」

「駅まで、2時間くらいかかりますよ、猪出るって……」

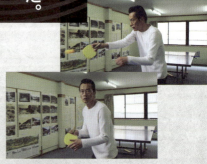

さすらい温泉♨遠藤憲一

極上温泉ガイド

✿極上温泉旅館ガイド

✿ふらっと立ち寄り、ほっこりグルメ

■地図のマーク

★ 見どころ　卍 寺院　⛩ 神社　✝ 教会　♨ 温泉　R 飲食店　C カフェ　S ショップ　バス停

■ 本書のご利用にあたって

○ 本書中のデータは2019年2月現在のものです。料金、営業時間、休業日、メニューや商品の内容などが、諸事情により変更される場合がありますので、事前にご確認ください。
○ 休業日は基本的に定休日のみを記載しており、とくに記載のない場合でも、年末年始、ゴールデンウィーク、夏季、旧盆、保安点検日などに休業することがあります。
○ 料金は消費税込みの料金を示していますが、消費税の見直しなどにより変更する場合がありますので、ご注意ください。
○ 宿泊料金は、特記のない場合は１室２名で宿泊したときの１名分の料金です。
○ 自家源泉 は、宿が源泉を所有していることを示しています。
○ 源泉かけ流し は、すべて、または一部の浴槽で温泉をかけ流ししていることを示しています。
○ 本書に紹介した旅館、レストラン、ショップなどとの個人的なトラブルに関しましては、一切の責任を負いかねますので、あらかじめご了承ください。

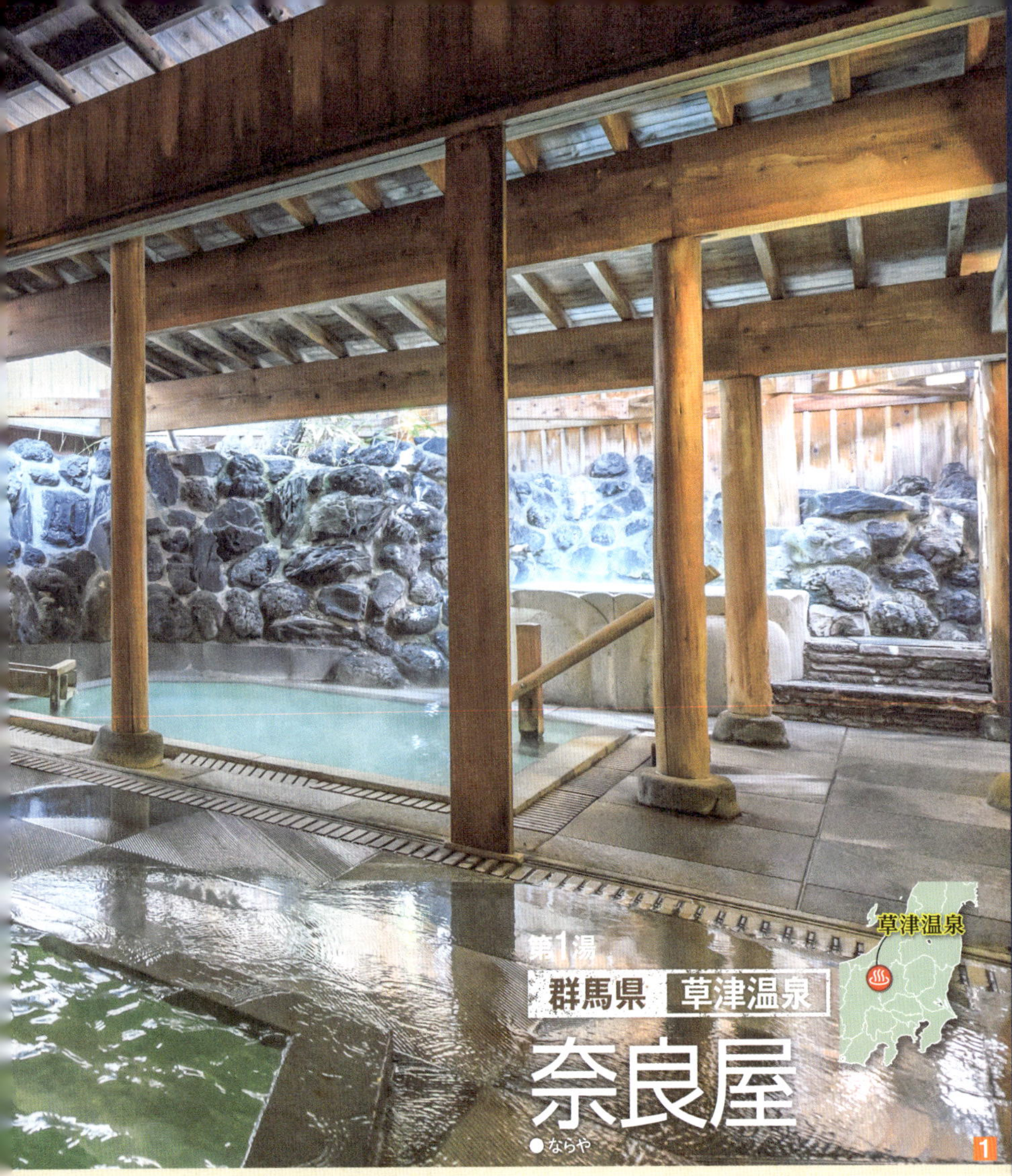

第1湯

群馬県　草津温泉

奈良屋

●ならや

伝統とモダンがくつろぎを醸す
明治10年創業の老舗温泉旅館

草津温泉の中心「湯畑」のすぐそばという好立地で、風情あふれるせがい造りの外観。草津最古の湯「白旗源泉」から引いた湯を伝統の湯守が管理する源泉100％のかけ流しで、御影石の内風呂がある大浴場「御汲上の湯」や露天風呂「花の湯」をはじめ、お座敷付きの檜や信楽焼の貸切露天風呂など、温泉情緒を満喫できる。日本古来の花の名前がつけられた客室は、落ち着きある和モダンの雰囲気を盛り込んだデザイナーズルームで、贅沢な空間を演出。

日本三名泉のひとつに数えられる草津ならではの温泉情緒を満喫

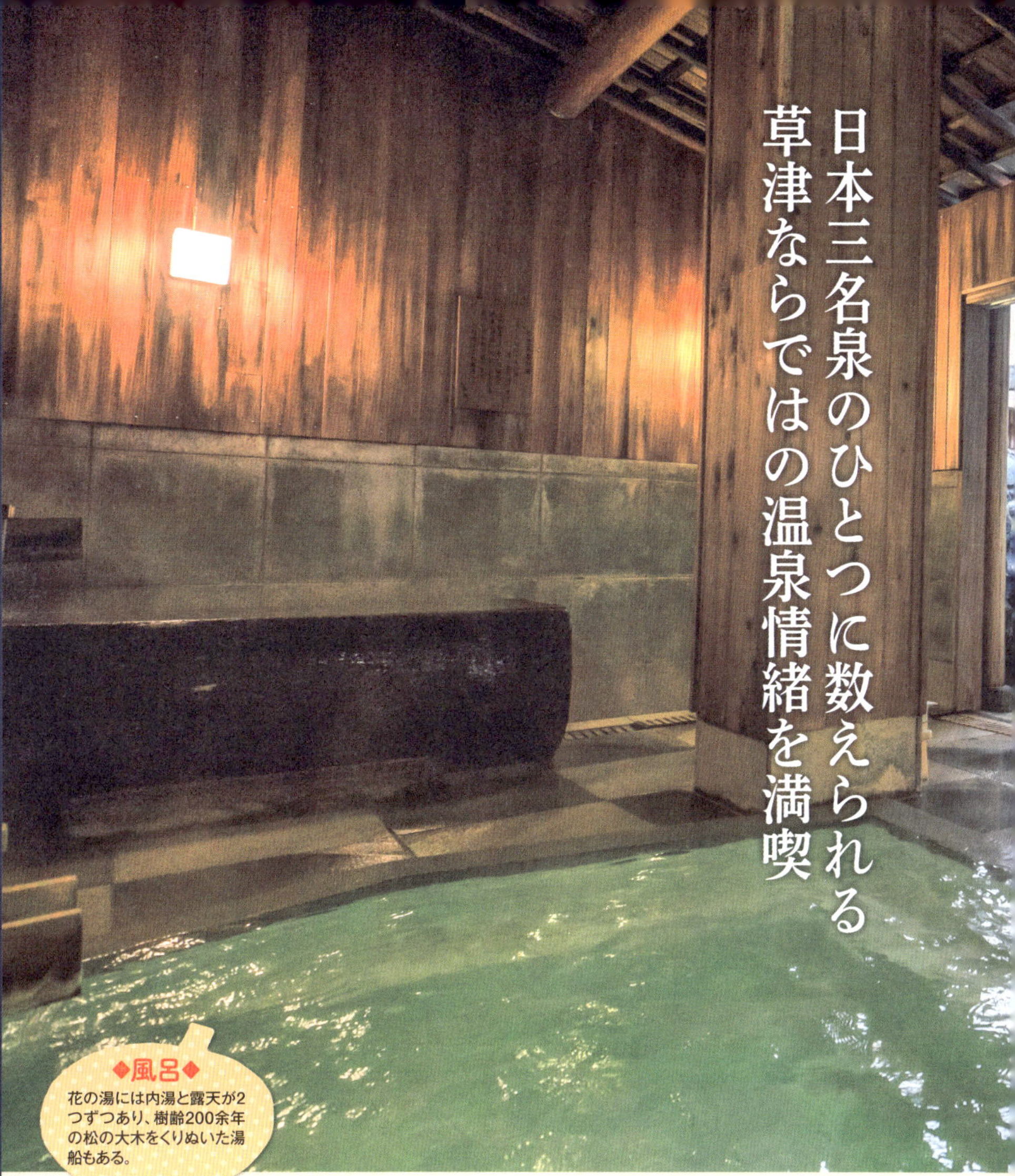

◆風呂◆

花の湯には内湯と露天が2つずつあり、樹齢200余年の松の大木をくりぬいた湯船もある。

1 「不老長寿の湯」とも呼ばれている花の湯 2 「徳川将軍御汲上の湯」と称される名湯「白旗」の湯の源泉を自然傾斜により引き込んでいる 3 草津の湯を知り尽くした湯守が、湯船の温度を徹底管理 4 檜の貸切露天風呂は、お座敷付きなので、ゆっくりくつろげる

1 客室「つつじ」は、10畳の畳スペースと8畳の洋風スペースのゆったりとした空間　2 丸い窓が印象的な客室「こけもも」。ベッドルームは朱色を基調としている　3 桜の花の装飾が随所に施されている客室「さくら」

◆客室◆

高めの天井に梁が施された「つつじ」は、和モダンのインテリアが配された落ち着いた空間。

温泉だけでは終わらない
至福の時間を彩る食事と空間

◆カフェ◆

和洋折衷のスイーツが味わえるモダンでスタイリッシュなカフェ。温泉街の散歩途中にも立ち寄れる。

◆食事◆

彩り豊かな和会席料理。地元の食材を中心に旬の味覚が楽しめる、料理長こだわりの料理が並ぶ。

4 夕食は、部屋食または3カ所ある食事処で　5 黒ゴマプリンと抹茶のパフェ。わらび餅やクルミ、群馬県産の花豆などが詰まった和風スイーツ　6 1階にあるカフェ&バー「喫茶去」

有馬温泉、下呂温泉と並ぶ日本三名泉
草津温泉
くさつおんせん

自然湧出量日本一を誇り、1日にドラム缶約23万本分もの温泉が湧き出し、豊かな効能を誇る泉質の「源泉かけ流し」の温泉を堪能できる。湯けむりと硫黄の香りが漂う湯畑を中心に広がる温泉街も魅力。また標高1200mにある高原リゾートとして、夏の避暑地としても人気がある。

アクセス

東京駅 → 長野新幹線「あさま」約1時間15分 → 軽井沢駅 → 草津交通バス 約1時間25分 → 草津バスターミナル

高崎駅 → JR吾妻線 約1時間30分 → 長野原草津口駅 → JRバス関東 約30分 → 草津バスターミナル

東京駅 → 上越新幹線「たにがわ」「とき」約55分 → 高崎駅

上野駅 → JR東北本線・上越線・吾妻線 特急「草津」約2時間30分 → 長野原草津口駅

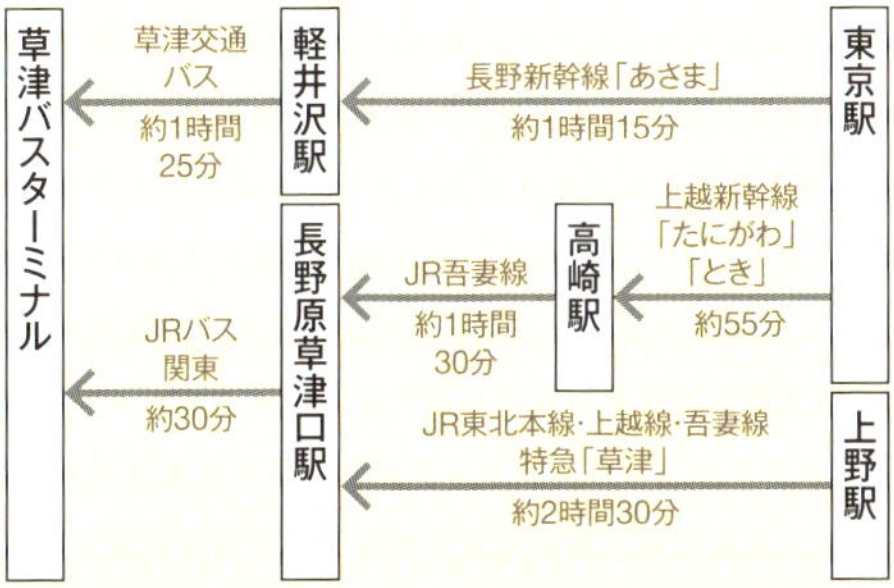

7 高級老舗旅館ならではのおもてなしが期待でき、館内はすべて畳敷きでほっとできる
8 西の河原通りの入口に立地し、湯畑を望む客室もある
9 風情ある伝統の木造建築で、撮影スポットとしても人気

奈良屋 ●ならや

宿データ
☎0279-88-2311
所 群馬県草津町草津396 交 草津バスターミナルから徒歩5分 in 14:00 out 11:00 室 36室 P あり(35台)
予算 1泊2食付2万7000円~6万4800円

温泉データ
●風呂数
内風呂 男1、女1 露天 男1、女1 貸切 露天2、内風呂1(24時間有料) 要予約 立ち寄り湯 あり
●泉質
硫黄塩泉／41~42℃／加温・加水なし
源泉かけ流し

◆風呂◆

男女別の内風呂のほか、温泉プール、露天風呂など種類は多彩。洗い場にカラン、石鹸などのアメニティはない。

北温泉の天狗伝説にちなんだ巨大な天狗の面が圧巻。湯屋の裏の崖を源泉が流れ下る。多くの効能を持つやさしい湯

天狗の見つめる湯船に浸かり 秘湯宿のノスタルジーに浸《ひた》る

第2湯

栃木県　北温泉

北温泉旅館

●きたおんせんりょかん

古き良き湯治場風情が残る 奥那須のひなびた湯宿

那須温泉郷の最奥部にある秘湯。駐車場から急坂の歩道を400mほど下ると、江戸安政期に建てられた木造の宿が現れる。明治・昭和と増築を重ねた建物はひなびた風情。古くからの湯治場で、映画『テルマエロマエ』の舞台に使われて全国的に脚光を浴びた。裏山から自然湧出する源泉は湯量がじつに豊富。それを象徴するのが巨大な温泉プールの「泳ぎ湯」だ。ほかにも天狗の湯などの時代物の個性豊かな湯が揃う。湯治客用に共同の炊事場があり、宿泊は食事付きと自炊から選べる。

江戸・明治・昭和と時代を刻む客室に宿の長い歴史を感じる

◆客室◆

創業期の江戸時代、明治、昭和と増築された客室棟が並ぶ。時代ごとに宿泊料が異なる。自炊での宿泊も可。

4 江戸時代の建物にある客室「松の間」はシンプルな造り。宿の客室はすべてトイレ・洗面は共同　5 明治時代の宿泊棟にある「竹の間」　6 昭和建築の客室「梅の間」　7 雪に包まれる北温泉旅館。冬に車で訪れる場合は冬用タイヤやチェーンが必要だ

1 玄関を入ると時代をさかのぼったような錯覚に陥る。写真の猫「モモ」も暮らす
2 食事処「亀の間」も歴史を感じる造り。食事は家庭的で素朴な料理
3 広々した温泉プール「泳ぎ湯」は水着でも入れる

天狗伝説の残る江戸の湯治場風情の秘湯

北温泉
きたおんせん

茶臼岳の東山腹、那須温泉郷の最奥部に位置する秘湯ムード満点の一軒宿温泉。奥深い谷間にあり、天狗が修行中に温泉を発見したとの伝説が残る。豊富な湯量と効能で知られ、江戸時代より湯治場として栄えた。往時の面影を残す温泉宿が建つ。

アクセス

東京駅 → 東北新幹線「やまびこ」「なすの」 約1時間10分 → 那須塩原駅 → 関東バス 約1時間15分（大丸温泉で乗り換え）→ 北湯入口

北温泉旅館 ●きたおんせんりょかん

宿データ

☎0287-76-2008
所 栃木県那須町湯本151　交 北温泉入口バス停から徒歩30分　in 14:00　out 10:00　室 45室　P あり(30台)
予算 1泊2食付7700円～9700円、自炊4800円～5800円

温泉データ

●風呂数
内風呂 男2、女2　露天 男1、女1、温泉プール　貸切 なし
立ち寄り湯 あり 時 8:30～16:30 料 700円
●泉質
単純温泉／57℃／加水あり　自家源泉　源泉かけ流し

信玄が刀傷を癒したという
名湯が湧き出す洞窟風呂

第3湯

山梨県　下部温泉

裕貴屋

● ゆうきや

足下の板から源泉がぷくぷくと
野性味あふれる地下の洞窟風呂

　下部川の橋のたもとに建つ宿の創業は明治8年(1875)。木造3階の建物から地下へ下り、狭い通路を抜ければ宿自慢の洞窟風呂がある。岩盤に囲まれた野趣満点の浴場で、湯船の底からは32℃のぬるめの源泉が湧出。硬度の高い鉱泉が外傷後の回復に効くと評判で、有名スポーツ選手も湯治に訪れる。51℃の新源泉を引き湯した横綱風呂や露天風呂もある。飲泉も評判が高く、鉱泉水で淹れたコーヒーも味わえる。フリーのお酒やフード、高級車での送迎など多彩なサービスも魅力。

◆風呂◆

洞窟風呂（岩風呂）は歴史の古い鉱泉。もうひとつの内湯、横綱風呂は下部温泉の新たな共同源泉を利用。

1 洞窟風呂（岩風呂）の男湯。わずかに硫黄の香る鉱泉が足下から湧く。源泉を加温した浴槽もあり、ぬる湯の源泉風呂と交互に入るのが下部温泉流　2 洞窟風呂の女湯。飲泉もあるので試したい。どの風呂も時間帯によっては貸切も可能

素朴な温泉街の風情感じる宿のもてなしにくつろぐ

◆食事◆

囲炉裏で焼かれたヤマメの塩焼きなどの川魚や地元の野菜など、山里料理を少しずつ多彩に味わえる。

◆客室◆

昭和初期建築の歴史を感じさせるレトロな和の風情。トイレ・洗面付きの和室が中心で、和洋室も用意している。

1 季節の山里の食材が並ぶ夕食。食事は朝夕ともに部屋でゆっくりいただく
2 館内は昔ながらの日本風情たっぷり
3 ゆったりとくつろげる和室。部屋にはドリップ式のコーヒーが準備され、のんびり香りを楽しみながら淹れたてを味わうことができる

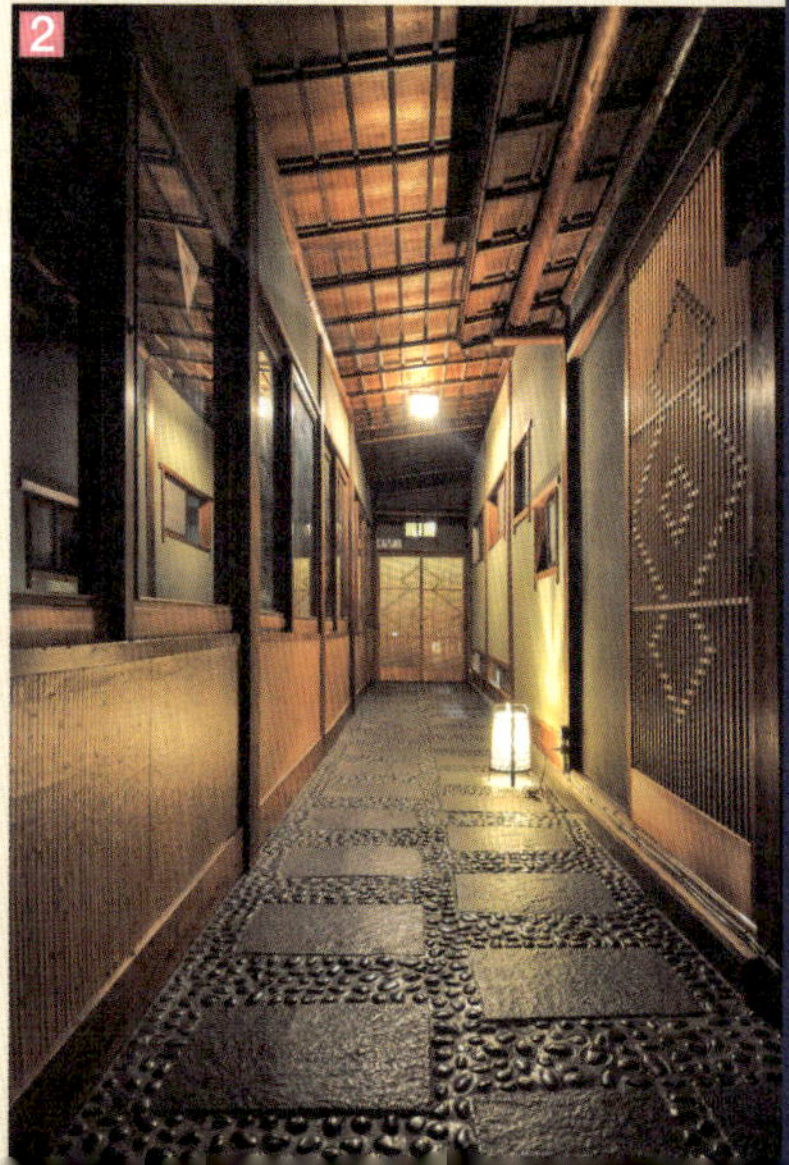

◆建物◆

昭和11年（1936）に宮大工によって建造された木造3階建ての建物。国の登録有形文化財に指定されている。

1300年の歴史を持つ山里の湯治場

下部温泉《しもべおんせん》

富士川の支流・下部川沿いに旅館が並ぶ山あいの温泉地。836年に熊野権現が現れて温泉が湧出したと伝えられ、信玄の隠し湯としても知られる。約32℃の鉱泉は切り傷などの外傷に効く療養泉とされ、江戸時代から湯治場として賑わった。今も素朴な温泉場風情が漂う。

アクセス

新宿駅 →（JR中央線特急「スーパーあずさ」「かいじ」約1時間30～40分）→ 甲府駅 →（JR身延線 約1時間20分）→ 下部温泉駅

東京駅 →（東海道新幹線「ひかり」約1時間）→ 静岡駅 →（JR身延線特急「ワイドビューふじかわ」約1時間40分）→ 下部温泉駅

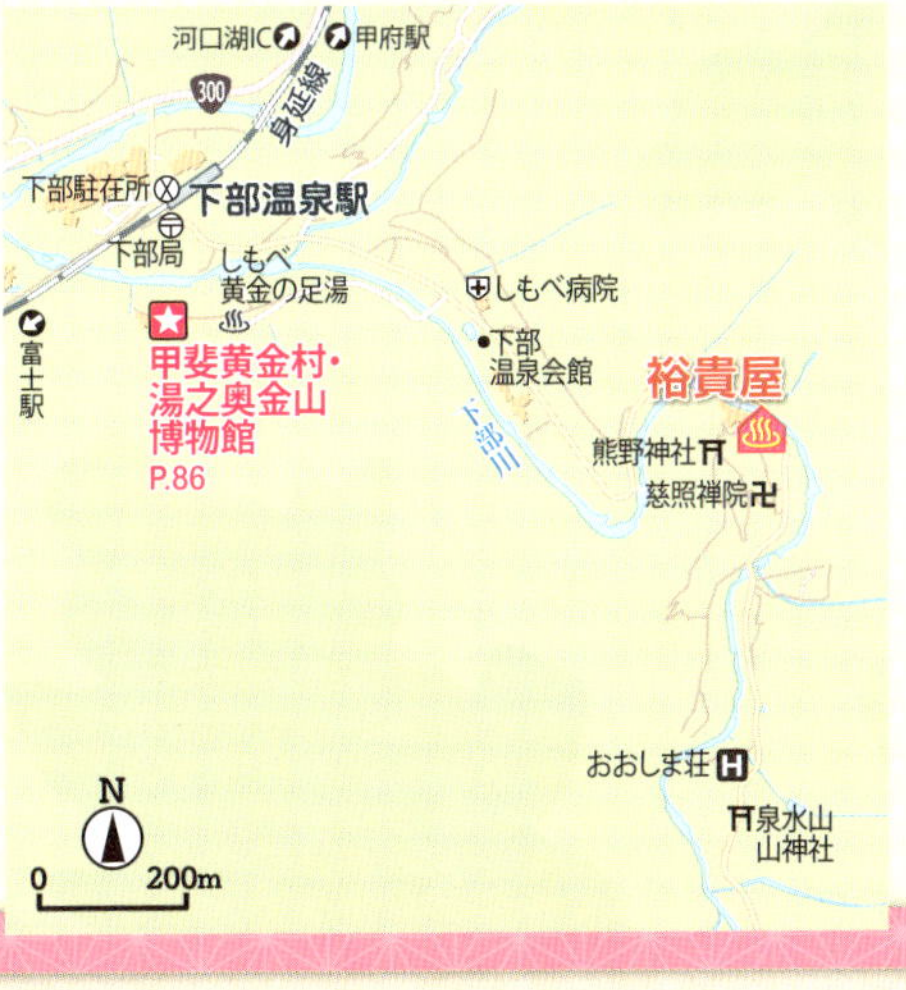

4 下部温泉の宿のなかでもひときわ歴史を感じさせる木造建築　5 JR下部温泉駅からはロールスロイスによる送迎サービスがある　6 休み処でのんびり。館内には無料の日本酒やワイン、温泉卵などが用意されている

裕貴屋《ゆうきや》

宿データ

☎0556-20-3130
所 山梨県身延町下部48 交 JR下部温泉駅から車で5分
in 14:00 out 11:00 室 16室 P あり（15台）
予算 1泊2食付1万2800円～1万5800円

温泉データ

●風呂数
内風呂 男2、女2 露天 男1、女1 貸切 露天2（16:00～24:00／予約不要） 立ち寄り湯 あり
●泉質
単純温泉／32℃・51℃／加水あり 自家源泉 源泉かけ流し

◆風呂◆

大浴場、貸切風呂など8種類の風呂はすべて源泉かけ流し100%。無色透明や濁り湯など多彩な湯を楽しめる。

第4湯

長野県 渋温泉

歴史の宿 金具屋

●れきしのやど かなぐや

歴史がしみ込んだ木造4階建て 個性あるさまざまな8種類の風呂

渋温泉の中心地に建つ江戸中期創業の名物旅館。今では貴重な4階建ての木造建築・斉月楼は昭和初期の建造で、国の登録有形文化財に認定された。趣を違えた客室には、日本建築の多様な技が詰め込まれている。4つの源泉を有し、湯量は毎分200ℓと豊富。風流なひょうたん形の鎌倉風呂やレトロモダンな浪漫風呂、「美肌の湯」が湧く露天風呂と、3カ所の大浴場は泉質も風情もさまざまだ。5カ所ある多彩な貸切風呂も人気で、宿泊客は無料・予約なしで利用できる。

1 龍瑞露天風呂（男女各1）は「美肌の湯」といわれる塩化物泉　2 ステンドグラスがレトロモダンな浪漫風呂。浴槽脇地下3mから湧く源泉を使用　3 天然の岩を積み上げた無料貸切風呂「岩窟の湯」　4 無料貸切風呂「斎月の湯」。富士山のタイル絵と船形の浴槽が風流な味わい

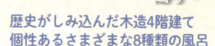

毎分200ℓの源泉があふれる
泉質も趣も多彩な湯をめぐる

表情の異なるそれぞれの客室 次回は別の部屋に泊まりたい

◆客室◆

明治から昭和期に建てられた4棟の客室棟。広さや趣は多様で、いずれも意匠を凝らした和のしつらえ。

1 広縁にマントルピースを配した客室「杏林」 2 斉月楼最上階にある「長生閣」。折り上げ格天井や花頭窓など贅を尽くした造り 3「黒書院」は二の間もある広々とした部屋

◆食事◆

キノコや信州サーモン、地鶏など信州の食材を使った山里らしい料理が並ぶ。食事は広間でいただく。

4 夕食の和食会席の一例。信州牛がメインの特別プランもある 5 朝食（一例）は健康的な麦とろ御膳を用意

6 斉月楼の階段踊り場には富士形の窓。照明を月に見立てている　7 斉月楼の客室。ひと部屋ずつが独立した建物に見える　8 まるで外の通りのように軒が連なる斉月楼の廊下。随所にさまざまな工夫が見られ、見学ツアーも実施される

◆斉月楼◆

木造4階の宿泊棟で昭和11年(1936)建造。客室や廊下など、館内随所に独特の意匠を凝らした豪勢な造り。

浴衣姿がよく似合う石畳の温泉街

渋温泉《しぶおんせん》

約1300年の歴史を持つとされる古湯。ゆるやかに曲がる石畳の通りに和風旅館やみやげ物屋、外湯が軒を連ね、昔ながらの温泉情緒が漂う。豊富な湯量と源泉を誇り、すべての宿と外湯が源泉かけ流し100%で、泉質や効能が多彩。宿泊客は9カ所の外湯に無料で入れる。

アクセス

東京駅 ← 北陸新幹線「かがやき」「はくたか」約1時間20～35分 → 長野駅 ← 長野電鉄特急「ゆけむり」約45～50分 → 湯田中駅 ← 長野電鉄バス 約10分 → 渋温泉

9 映画『千と千尋の神隠し』の湯屋のモデルと噂された斉月楼。夜はライトアップされて幻想的に　10 温泉街の中心に建つ

歴史の宿 金具屋《れきしのやど かなぐや》

宿データ

☎0269-33-3131
所 長野県山ノ内町平穏2202　交 長野電鉄・湯田中駅から長野電鉄バスで5分、渋和合橋下車、徒歩2分
in 15:00　out 10:00　室 28室　P あり(30台)
予算 1泊2食付1万7430円～2万7150円

温泉データ

●風呂数
内風呂 男1、女1　露天 男1、女1　貸切 内風呂5(無料／予約不要)　立ち寄り湯 なし
●泉質
ナトリウム・カルシウム-塩化物・硫酸塩泉など／98℃／加温・加水なし　自家源泉　源泉かけ流し

湯船の底から湧き出す源泉 ぬるめの湯にじっくり温まる

1

◆風呂◆

混浴風呂の法師乃湯は明治28年（1895）築で国の登録有形文化財。女性がゆっくり入れるよう長寿乃湯を設けた。

3

2

第5湯

群馬県　法師温泉

法師温泉 長寿館

● ほうしおんせん ちょうじゅかん

渓谷にひっそりたたずむ一軒宿
足下から源泉が湧く巨大混浴風呂

三国峠南麓の渓谷にある宿。明治8年（1875）の創業以来、川端康成や与謝野晶子ら多くの文人墨客が滞在した。築140年以上の本館は創業当時の面影そのままで、館内の太い梁や柱、囲炉裏が旅籠風の懐かしい風情。宿の名物は、巨大な混浴風呂「法師乃湯」。4つに仕切られた浴槽の底には玉石が敷かれ、その隙間から直接源泉が湧き出す。加水はせず、温泉成分そのままの湯が肌へ浸透する。露天風呂付きの「玉城乃湯」、同じ足下湧出で女性専用時間を長く設けた「長寿乃湯」もある。

1 男女交替で入る総檜造りの「玉城乃湯」。法師乃湯にない洗い場やシャンプー・リンスを用意　2 鹿鳴館風アーチ型窓のある混浴大浴場「法師乃湯」。2時間の女性専用時間を設けている　3 「玉城乃湯」の野天風呂　4 小ぶりの浴場「長寿乃湯」。足下湧出の湯で、女性の利用時間を長く設けている

1 別館のすべての客室から法師川を望む。全室トイレ付き　2 与謝野晶子が滞在した本館20番客室。宿で最も歴史の古い本館は客室トイレはなく全室禁煙

◆客室◆

明治建築の本館と昭和15年（1940）築の別館が国登録有形文化財。ほかにも豪華な薫山荘、法隆殿が建つ。

数々の文人墨客が逗留した有形文化財の部屋に泊まる

◆朝食◆

ご飯は朝食・夕食ともに契約農家の魚沼産コシヒカリ100%。水は天然ミネラル豊富な自家水源の清水を使用。

◆夕食◆

できるかぎり町内産・県内産の食材を使用した地産地消の和食会席を提供。季節によりメニューが変わる。

3 夕食には、上州牛、上州麦豚、赤城鶏など群馬県産の肉や川魚、地場野菜中心のメニューが並ぶ　4 おいしい水を使った魚沼産のコシヒカリが魅力の朝食　5 テーブル席と小上がりを設けた食事処　6 玄関近くにある囲炉裏の間は、客同士のふれあいの場。食前・食後のひとときに

弘法大師が見出したと伝わる渓谷の湯

法師温泉《ほうしおんせん》

三国峠南麓の赤谷川支流の法師川沿いにある一軒宿の温泉。原生林の広がる上信越高原国立公園内の標高800mの地にあり、渓谷の緑に抱かれて秘湯ムード満点。弘法大師が巡錫の折に発見したと伝えられることから、法師温泉の名がつけられた。

アクセス

上野駅 → 上越新幹線「とき」「たにがわ」約1時間～1時間10分 → 上毛高原駅 → 関越交通バス 約30分 → 猿ヶ京 → みなかみ町営バス 約15分 → 法師温泉

7 法師川沿いに建つ別館。向かい側には大浴場が建つ　8 本館の入口を入ると吹き抜けの広々とした空間。栃の木をくりぬいた火鉢が味わい満点　9 本館は明治8年（1875）の建造

法師温泉 長寿館《ほうしおんせん ちょうじゅかん》

宿データ

☎0278-66-0005
所 群馬県みなかみ町永井650 交 法師温泉バス停からすぐ
in 15:00 out 10:30 室 33室 P あり（30台）
予算 1泊2食付1万6350円～3万390円

温泉データ

●風呂数
内風呂 混浴1、交替2 露天 交替1 貸切 なし
立ち寄り湯 あり（休 水曜、臨時休業あり）

●泉質
カルシウム･ナトリウム-硫酸塩泉、単純温泉など／27～42.7℃／一部加温あり　自家源泉 源泉かけ流し

◆風呂◆
大涌谷の白濁したお湯と、離れの客室では、徳川将軍家に献上されたこともあるという木賀温泉が楽しめる。

第6湯
神奈川県 強羅温泉

天翠茶寮

●てんすいさりょう

豊かな温泉に癒される ジャパニーズ・リゾートの決定版

老舗温泉旅館と海外一流リゾートのいい部分を併せ持つ宿。お出迎えの茶菓は一流シティホテルのクラブラウンジさながら、専任のパティシエが作ったフィンガーフードやワインを供する。客室は琉球畳に飛騨の天然木製家具を配したリビングやベッドルームなど、和の雰囲気とモダンな居住性を両立。食後くつろぐのはプールバーならぬ足湯バーと、日本の温泉宿ならではの落ち着いた雰囲気と機能性、居住性の高さが魅力。心地よいサービスもいい。

2

3

1 白濁した湯は大涌谷から引いたかけ流しの温泉。外気にふれながらの温泉浴は最高だ 2 貸切で利用できる浴室は2つ。どちらも室内に洗い場が、露天に湯船がしつらえられている 3 ロビー奥、足湯でくつろぎながら飲み物が楽しめるバー

高級リゾート地、強羅の底力
しっとり贅沢な滞在を楽しむ

夏の強羅の風物詩 大文字焼きも望める好立地

1 本館の展望風呂付き和室ツインベッドルーム。ウッドデッキに露天風呂を用意 2 離れの温泉露天風呂付き特別和洋室。ゆったりとした造りも眺望もラグジュアリー

◆客室◆

部屋のタイプは離れ3室を含む11種類。純和室から陶磁風呂付きの洋室、贅を凝らした離れの和洋室と多様。

◆夕食◆

見た目も美しい和の会席料理ながら、日本酒だけでなくワインにもぴったりの食事。肉料理も美味。

3 日本の四季をそのまま一皿に再現したような美しさ 4 箱根で栽培された野菜や沼津に揚がった魚など、食材の豊かな地元の味が楽しめる 5 旬の食材を上品な味わいのだしが引き立てる

◆朝食◆

夕食、朝食ともに器の美しさも見事。日常とは異なる華やかな朝のお膳をゆったりと楽しみたい。

6 土鍋で炊く「コシヒカリ」、箱根の老舗の豆腐、小田原の老舗が作る味噌など、厳選食材を使った朝ごはん

7 華やかなロビーのインテリアが、温泉リゾートへの入口 8 2018年12月にリニューアルオープン 9 チェックインの始まる15:00～17:00まで楽しめるウェルカム・サービス。パティシエ渾身のフィンガーフードやお菓子でくつろぐ 10 館内にはカフェや岩盤浴も用意

高級リゾートとして出発したエリア

強羅温泉《ごうらおんせん》

明治初期、外国人も訪れるリゾート地となった箱根。なかでも強羅は政財界の要人向けの高級別荘地として開発された経緯もあり、花々や噴水の美しい強羅公園を中心に、広々とした贅沢な宅地が広がる。その贅沢な雰囲気は、今も街や宿に色濃く受け継がれている。

アクセス

新宿駅 → 小田急小田原線 特急 約1時間30分 → 箱根湯本駅 → 箱根登山鉄道 約40分 → 強羅駅

天翠茶寮《てんすいさりょう》

宿データ

☎0570-050-148
所 神奈川県箱根町強羅1320-276 交 箱根登山鉄道・強羅駅から徒歩3分 in 15:00 out 10:00 室 34室 P あり（18台）
予算 1泊2食付2万5000円～6万円

温泉データ

●風呂数
内風呂 男1、女1 露天 男1、女1 貸切 露天2（無料／チェックイン時に要予約） 立ち寄り湯 なし

●泉質
酸性-カルシウム-硫酸塩泉／56.3℃／加温あり・加水なし
源泉かけ流し

◆客室◆
どの部屋も、それぞれに異なるデザイン、間取り、眺望が楽しめる。露天風呂やテラスからの眺望も素晴らしい。

熱海からでも車で20分足らず
好立地ながら人里離れたたたずまい

1 自然が育んだ木の形そのものを生かした古材の梁が印象的な別邸「かえで」 2 客室の露天風呂から海と緑、空を一望。湯はもちろん網代の温泉 3 客室露天風呂の脇にはおしゃれな洗面台。小さな椅子を置くなど、使い勝手もいい

第7湯

静岡県 網代温泉

竹林庵みずの

●ちくりんあんみずの

熱海の海を見下ろす頂の庭園に建てられた古木の宿

広い敷地に配された客室は本館11室、別邸3室のみ。宿の門から玄関へと続くアプローチも贅沢にとられており、この小路を歩くうちに日常の喧騒から旅の時間へと気分が入れ替わっていく。全室に露天風呂を備え、四季折々の植物が美しい庭と海とが見えるが、特に素敵なのが古民家で長年使い込まれた古材を使って建てられた別邸。3室それぞれに天井の梁や欄間の美しさが際立つモダンな和室で、快適さと落ち着き、浮き立つような楽しさが共存する。

敷地内で採れる自家製野菜や庭の草木にも心身を癒される

◆料理◆

贅沢な会席料理には、朝鮮人参や黒酢など、薬効、滋養に富んだ食材を多用。敷地内で栽培する自然農法の野菜も。

1 贅を凝らした山海の幸が並ぶ夕食の献立。食材、料理の彩りと姿がヴィヴィッドで、口にする前からエネルギー補給できそうな活力あるお膳だ 2 地魚をたっぷりと盛り込んだ豪華な舟盛り 3 キンメの煮付け 4 クロアワビの陶板焼き 5 旬の野菜の吹寄せ 6 手すりなど、どこも肌ざわりのよい宿だ

漁港を有し、ひなびたたたずまいも魅力

網代温泉《あじろおんせん》

熱海に隣接し、車なら市街地まで15分ほどの距離だが、海岸線近くまで山がせり出した美しくも静かな温泉地。豊かな漁場が目前に広がる網代漁港があり、干物や塩辛といった海鮮加工品がおいしく、伊豆を訪れる観光客がおみやげを求めてわざわざ立ち寄るほど。

アクセス

東京駅 ← 東海道新幹線「こだま」約50分 ← 熱海駅 ← JR伊東線 約15分 ← 網代駅

(東京駅 →(東海道新幹線「こだま」約50分)→ 熱海駅 →(JR伊東線 約15分)→ 網代駅)

7 モダンかつ使い勝手よくしつらえてあるが、どこか懐かしい古民家のたたずまい　8 網代駅から車でたった10分足らずの距離だが、山中の一軒屋のようなロケーション　9 素足に自然素材の肌ざわりがやさしい　10 玄関脇で、旅人を出迎える鐘

竹林庵みずの《ちくりんあんみずの》

宿データ

☎0557-67-2643
所 静岡県熱海市網代627-363 交 JR網代駅から車で7分(送迎あり) in 14:00 out 10:30 室 14室 P あり(20台)
予算 1泊2食付2万3900円～9万850円

温泉データ

●風呂数
内風呂 男1、女1 露天 男1、女1 貸切 露天2(11:00～19:00最終受付 ／2310円･2850円／要予約) 立ち寄り湯 あり(13:00～19:00最終受付／無休／1500円)

●泉質
塩化物泉／92℃／加温･加水なし
自家源泉 源泉かけ流し

第8湯

群馬県　伊香保温泉

千明仁泉亭

●ちぎらじんせんてい

1

2

伊香保随一の豊富な湯量を誇る文豪・徳冨蘆花が愛した老舗旅館

石段の中ほどに建つ文亀2年(1502)創業の伝統ある老舗旅館。徳冨蘆花の定宿で、代表作『不如帰《ほととぎす》』の冒頭には、この旅館のことが描かれている。風呂はすべて「黄金の湯」と呼ばれる源泉100％のかけ流しで、大浴場の仁乃湯や滝湯をはじめ、露天風呂や貸切家族風呂など風呂の種類が豊富。全30室ある本館は大正～昭和初期の木造建築で、平成の建築の別館「鶴の居」は全4室ながら、源泉かけ流しの風呂を備えた贅沢な空間となっている。

伊香保随一の豊富な湯量を誇る 源泉100%かけ流しの「黄金の湯」

◆風呂◆

茶褐色の「黄金の湯」をたたえ、ホテル木暮、岸権旅館とともに伊香保温泉の御三家と呼ばれている。

1 別館にある男女別の露天風呂は、眺望も良く、開放感いっぱい　2 男女別大浴場の「滝湯」はレトロな雰囲気で、滝のように「黄金の湯」の源泉が湯船に落ちてくる　3 貸切風呂は4つあり、空いていれば予約なしで24時間いつでも利用できる

1 本館二間の部屋は、6+8畳や8+8畳などのタイプがあり、中庭に出られる部屋や窓から小野子山を正面に望む部屋などがある　2 別館「鶴の居」、和室3室、和洋室1室。すべてが角部屋の造りで、源泉かけ流しの半露天風呂が備えられている

◆客室◆

昭和初期の建築の本館158号室と159号室には、専用の庭があり、四季折々の風情が楽しめる。

旬の食材を彩り豊かに提供 豪華で繊細な料理に舌つづみ

◆食事◆

牛肉だけではなく、こんにゃくや野菜など地元群馬県産の食材を多用し、見た目も彩り鮮やか。

3 夕食の主役となるのは、赤城牛または上州牛のすき焼き　4 地元の食材を中心に、前菜、お造り、焼き物、煮物、鍋物、蓋物と、四季の彩りも美しい会席料理

6

5

急傾斜の石段を中心に栄えた温泉街

伊香保温泉《いかほおんせん》

『万葉集』にもその名を残す歴史ある温泉地で、明治時代以降は竹久夢二、徳冨蘆花、夏目漱石など多くの文人が訪れている。365段の石段が温泉街の中心で、石段の途中には、旅館や飲食店、みやげ物屋や射的などの遊技場が軒を連ね、観光客で賑わっている。

アクセス

東京駅 →（上越新幹線「たにがわ」「とき」約55分）→ 高崎駅 →（JR上越線 約25分）→ 渋川駅 →（関越交通バス 約25分）→ 伊香保温泉

7

5 昼はカフェ、夜はバーになる「楽水楽山」は、カウンター6席、テーブル25席のくつろぎ空間 6 伊香保の街並や上州の山々を望む景観もおすすめ 7 本館は大正～昭和初期の木造建築で、温泉情緒が漂う

千明仁泉亭《ちぎらじんせんてい》

宿データ

☎0279-72-3355
所 群馬県渋川市伊香保町伊香保45 交 バス停伊香保温泉から徒歩5分 in 15:00 out 10:00（別館「鶴の居」は11:00）
室 34室 P 150台 予算 1泊2食付 1万7430円～3万7950円

温泉データ

●風呂数
内風呂 男1、女1 露天 男1、女1 貸切 4（24時間／無料／予約不要） 立ち寄り湯 なし

●泉質
硫酸塩泉／41℃／加温・加水なし（季節により加温あり）
源泉かけ流し

1 日本庭園の中で入浴する気分が味わえる「木洩れ日の湯」 2 家族やカップルにすすめたい貸切のお風呂（有料） 3 昭和の初め、天平時代の建造物をイメージして建てられた天平大浴堂。設計は宿にゆかりの深い安田靫彦画伯。庭の池に泳ぐ鯉が水族館のように眺められるのも楽しい

第9湯

静岡県 修善寺温泉

新井旅館

●あらいりょかん

多くの文化人が集った 国の文化財に宿泊する

明治5年（1872）に創業。明治から昭和にかけて次々と建てられた建物の多くは今も現存し、宿としての機能性や快適性を保ちつつ、国の登録文化財として守り継がれている。横山大観、初代中村吉右衛門、正岡子規、岡本綺堂、幸田露伴、芥川龍之介など、枚挙にいとまがないほど数多くの文人墨客が集った伊豆の名旅館でもあり、岡本綺堂の『修禅寺物語』、尾崎紅葉の『金色夜叉』など、新井旅館滞在中に執筆された作品も多い。

明治〜昭和の文化、芸術を育んだ文化人たちのサロンでもあった宿

◆風呂◆

天井が高く、荘厳な雰囲気も感じられる天平大浴堂。お湯は源泉かけ流しで、色、匂いもなく、やわらかな泉質。

1 桂川、竹林の小径を望む花の棟の客室。文化財に登録される古い建物だが、すみずみまで手入れが行き届いており、もちろんWi-Fiも完備している

◆客室◆

横山大観お気に入りの客室や、芥川龍之介が長逗留した部屋などがそのままのたたずまいで今も残されている。

保存するだけでなく使い続けているからこその美しさ

◆食事◆

修善寺産、有機特別栽培のコシヒカリや中伊豆のわさびなど、厳選した食材を使った質の高い日本料理を提供。

2 旬の食材を用いた豪華な料理が並ぶ。だし、米、わさびなどベースとなる味のクオリティが高い 3 三段重ねのお重をメインにした朝食も評判となっている

4 川口松太郎の小説にも登場する「渡りの橋」は明治32年（1899）築 5 ロビーのある月の棟も文化財 6 新井旅館は館内中が文化財であり、いたるところに文豪や画家の足跡が残る建物は、街へ出ずとも館内散策するだけで楽しい。館内にはゆかりの作家が残した書画が展示されるスペースもある

文人たちに愛された山あいの温泉郷

修善寺温泉《しゅぜんじおんせん》

熱海や下田など、有名な温泉地の多い伊豆でも最も歴史の古い修善寺。新井旅館のほかにも文化人や歴史的な著名人とのゆかりが深い名旅館がたくさんある。桂川を中心に、美しくも風情ある風景が広がっており、浴衣姿で散策するのにもぴったり。

アクセス

東京駅 ←（東海道新幹線「こだま」約1時間）三島駅 ←（伊豆箱根鉄道 約35分）修善寺駅 ←（伊豆箱根バス 東海バス 約10分）修善寺温泉

新井旅館《あらいりょかん》

宿データ

☎0558-72-2007
所 静岡県伊豆市修善寺970 交 修善寺温泉バス停から徒歩3分 in 15:00 out 11:00 室 31室 P あり（40台）
予算 1泊2食付2万4450円～5万9550円

温泉データ

●風呂数
内風呂 男1、女1 露天 交替1 貸切 内風呂2（24時間／有料1・要予約、無料1・予約不要） 立ち寄り湯 なし

●泉質
アルカリ性単純温泉／60.8℃／加温なし・加水あり
自家源泉 源泉かけ流し

1

◆建物◆

大正2年（1913）の洪水から復興した街並。日本建築をベースに西洋のエッセンスを取り入れた建物は築90年以上。

銀山掘削や、大勢の湯治客で賑わった大正時代の隆盛そのままの街並

1 本館の向かって右側に建つのは古山閣が営む新館のオーベルジュ、「クラノバ」。銀山の伝統に現代のセンスとイタリア料理をプラス。本館とは、また異なった料理とおもてなしを提供する 2 日没後、小川に面した通りにガス灯が灯る 3 正面の外壁に並ぶのは、日本の歳時記を描いたカラフルな鏝絵 4 お正月を描いた鏝絵は、松竹梅を積んだおめでたい宝船

第10湯

山形県 銀山温泉

古山閣

●こざんかく

銀山、湯治で賑わった
江戸期、大正期にタイムスリップ

山あいに、突如現れるレトロな温泉街。両側から山が迫る小川の岸辺に立派な構えの木造建物が軒を連ねているが、なかでもひときわ目を引くのがこの古山閣だ。千鳥破風《ちどりはふ》の玄関に、季節の行事を描いたカラフルな鏝絵《こてえ》が美しく、中に入れば和洋折衷の大正スタイルが非日常感と懐かしさをないまぜにした不思議な感覚を呼び起こす。川に面した客室の窓からは銀山温泉の街並が見渡せて、いやが上にも旅情をかき立てられる。

古いものを大切に残しつつ 新しい快適さへ進化を遂げる

◆風呂◆

ほのかな硫黄の香りに癒される弱酸性、美肌の湯。男湯、女湯のほか、貸切露天風呂も用意されている。

◆食事◆

尾花沢牛に山菜、キノコと地元の旬がたっぷりと味わえる。山形のブランド米も絶品で、ご飯自体が何よりのご馳走だ。

1 かすかに温泉街のざわめきが届く。まろみのある湯に体を浸してのんびりリラックス　2 貸切風呂は2つ。どちらも檜の湯船にかけ流しの温泉をたたえた贅沢な空間　3 造りは伝統的な日本家屋だが、ランプや置き時計など、大正ロマンの香りを放つインテリア　4 土地の恵みがずらりと並んだ夕食のお膳　5 地元、尾花沢は、明治の開国後いち早く牛の飼育を始めたエリア。長年の経験が培ったノウハウで良質の和牛が育つ

◆客室◆

昔の職人技が今も間近に見られる本館の客室も素晴らしいが、隣接する新館、クラノバのモダンな部屋も素敵。

風情ある木造建物が建ち並ぶレトロな温泉街

銀山温泉《ぎんざんおんせん》

江戸時代の初め、延沢銀山で働く鉱夫によって温泉が発見されたという。明治時代はかやぶき屋根の平屋や木造の旅館が建つ湯治場だった。大正2年(1913)の大洪水で流されてしまったが、その復興を機に現在のような街並へと変貌。ドラマ『おしん』のロケ地としても知られている。

アクセス

東京駅 ← 東北新幹線「つばさ」約3時間20分 ← 大石田駅 ← 尾花沢市営バス 約40分 ← 銀山温泉

6 クラノバは全室ベッドを備えた洋室。モダンだが、どことなく漂う和の雰囲気が銀山らしい　7 本館客室は大正の建築当時のまま　8 本館、新館ともに川側の部屋の窓からは温泉街が見渡せる。銀山温泉への旅の目的といっていいほどの旅情あふれる眺望だが、本館にある山側の客室からの四季折々の山の景色も素晴らしく、甲乙つけがたい

古山閣《こざんかく》

宿データ

☎0237-28-2039
所 山形県尾花沢市銀山温泉423 交 銀山温泉バス停から徒歩3分 in 14:30 out 10:00 室 15室 P あり(15台)
予算 1泊2食付1万7430円~2万7150円

温泉データ

●風呂数
内風呂 男1、女1 露天 なし 貸切 露天2(24時間／無料／予約不要) 立ち寄り湯 なし

●泉質
ナトリウム-塩化物・硫酸塩泉／63.8℃／加温・加水なし
源泉かけ流し

1

第11湯

千葉県　養老渓谷温泉

渓谷別庭 もちの木

●けいこくべってい もちのき

3

緑あふれる渓谷に抱かれて 静寂の時間を満喫できる隠れ宿

約2000坪の敷地に、客室はわずか17室。養老渓谷の奥にひっそりとたたずむ、隠れ家のような湯宿がある。それぞれに風情が異なる客室は、どれもゆとりある贅沢な造り。なかでも、渓流を望む温泉ジャグジーを備えたコンセプトルーム「Bliss」が注目を集める。山側と川側に設けられた露天風呂からは、四季折々の景色を一望。夕食には、房総の食材を盛り込んだ会席料理が楽しめる。敷地内には遊歩道が整備され、庭園をのんびり散歩するのもいい。

◆風呂◆

川側と山側にそれぞれ露天風呂と内風呂があり、男女入替制。肌にやさしい温泉は「美人の湯」と評判。

渓流のせせらぎをBGMに 風雅な露天風呂で心身を癒す

1 庭園を望む山側露天風呂。夜は月明かりに照らされた庭が幻想的　2 昼間の山側露天風呂。夏は深緑、秋は紅葉が美しい。朝日を浴びながら朝風呂を楽しむのもおすすめ　3 渓谷に面した川側露天風呂。静かなせせらぎが心に響く　4 露天風呂とつながる川側内風呂。窓が大きく開放的

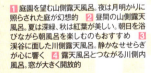

ナチュラルな内装が心地よい上質な空間でリラックス

1

◆客室◆

洋室から和室まで多彩なタイプの客室を用意。なかでも、渓流を望む温泉ジャグジー付きの「Bliss」が人気。

3

2

1 床材や壁紙、ファブリックの選定にもこだわった客室「Bliss」 2 「Bliss」に備わる渓流沿いのテラス。爽やかな風が吹き抜けていく 3 「Bliss」の温泉ジャグジー。ピクチャーウインドーからは渓流を一望できる

4

5

◆食事◆

房総の豊かな山海の食材をふんだんに取り入れた会席料理を月替わりで提供。料理人の繊細な技が光る。

4 春の会席料理の一例。上品なだしが利いた御椀や新鮮な御造里など、一品ごとに手間をかけた料理が供される 5 夏を先取りした初夏の会席料理の一例。涼やかな盛り付けも美しく、目と舌で楽しませてくれる

◆渓流◆
裏庭に面した美しい渓流。穏やかな流れで、夏は川遊びが楽しめる。

大自然を体感できる風光明媚な温泉地
養老渓谷温泉
ようろうけいこくおんせん

房総半島のほぼ中央に位置。養老渓谷に沿って十数軒の湯宿が点在し、なめらかな肌ざわりの黒湯をはじめ、宿ごとに自慢の温泉でくつろげる。雄大な渓谷美が素晴らしく、ハイキングスポットや紅葉の名所としても有名。山海の幸を使った料理も堪能できる。

アクセス

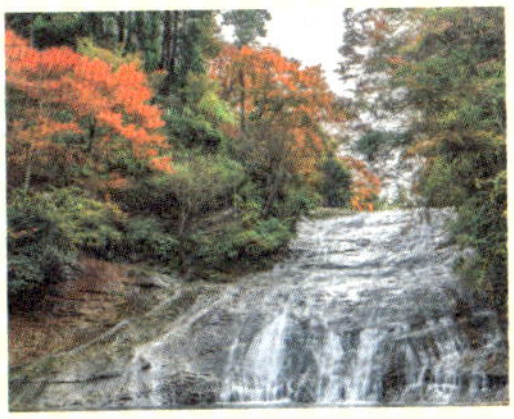

東京駅 —JR京葉線快速+内房線 約55分→ 五井駅 —小湊鐵道 約1時間10分→ 養老渓谷駅

6 広々としたロビー。隣にはゆったりくつろげるラウンジを併設する 7 大きな窓越しに屋外の緑を見渡せるラウンジ 8 手入れの行き届いた枯山水の中庭。和の情緒が漂う 9 渓谷沿いの自然に溶け込むような2階建ての温泉宿 10 裏庭の奥には、ほぼ宿専用のプライベート渓流がある

渓谷別庭 もちの木
●けいこくべってい もちのき

宿データ

☎0470-80-9000
所 千葉県大多喜町大田代105-1 ◇小湊鐵道・養老渓谷駅から車で10分(送迎あり・要予約) in 15:00 out 11:00 室17室
P あり(30台)
予算 1泊2食付1万6000円〜4万3000円(税別)

温泉データ

●風呂数
内風呂 男1、女1 露天 男1、女1 貸切 なし 立ち寄り湯 なし
●泉質
メタケイ酸／14.5℃(冷鉱泉)／加温あり・加水なし

清らかな滝を眺めながら日常を忘れて至福のひととき

1 温川の滝を間近に望む露天風呂「滝見乃湯」。夜は滝がライトアップされる　2 約200年前から湧き続ける天然温泉をかけ流しで楽しめる「薬師の湯」。24時間入浴可能　3 天然の薬草を利用した薬湯「郷の湯」でリフレッシュ

第12湯

群馬県　薬師温泉

かやぶきの郷 旅籠

●かやぶきのさと はたご

茅葺き集落を再現した湯宿でノスタルジックな風景に出合う

浅間《あさま》隠山《かくしやま》の懐に抱かれた静かな一軒宿。約7000坪の広大な敷地に全国から移築した古民家屋が並び、昔ながらの茅葺き集落が再現されている。自慢の湯は、約200年前から自噴する天然温泉。源泉かけ流しの「薬師の湯」のほか、滝を見渡す「滝見乃湯」も情緒たっぷり。宿泊棟は「やすらぎ館」と「せせらぎ館」の2棟があり、囲炉裏や古民具を配した部屋でくつろげる。湯上がりには、地元の食材を使った囲炉裏会席やそば会席の夕食を楽しみたい。

◆風呂◆

滝を見渡す露天風呂「滝見乃湯」と源泉かけ流しの内風呂「薬師の湯」のほか、薬湯の「郷の湯」がある。

広いテラスから絶景を一望
半露天風呂付きの贅沢な客室

◆客室◆

宿泊棟は、全室に檜半露天風呂を備えた「やすらぎ館」と、温川沿いの新館「せせらぎ館」の2種類。

1 半露天風呂のあるテラスから渓谷を望む「せせらぎ館　永井宿」 2 檜半露天風呂付きの「やすらぎ館」の客室。二間続きの和室で、古民家風の内装が温かみを醸す

◆食事◆

地場の恵みが満載の囲炉裏会席とそば会席から好きなほうを選択。趣ある茅葺き家屋の食事処で味わえる。

3 手打ちそばを中心に旬の食材を生かした料理が楽しめる「深山の旅籠そば会席」 4 滋味豊かな料理がずらりと並ぶ「囲炉裏会席」。群馬県産のブランド食材や季節の野菜を使った旅籠名物の囲炉裏焼きは絶品

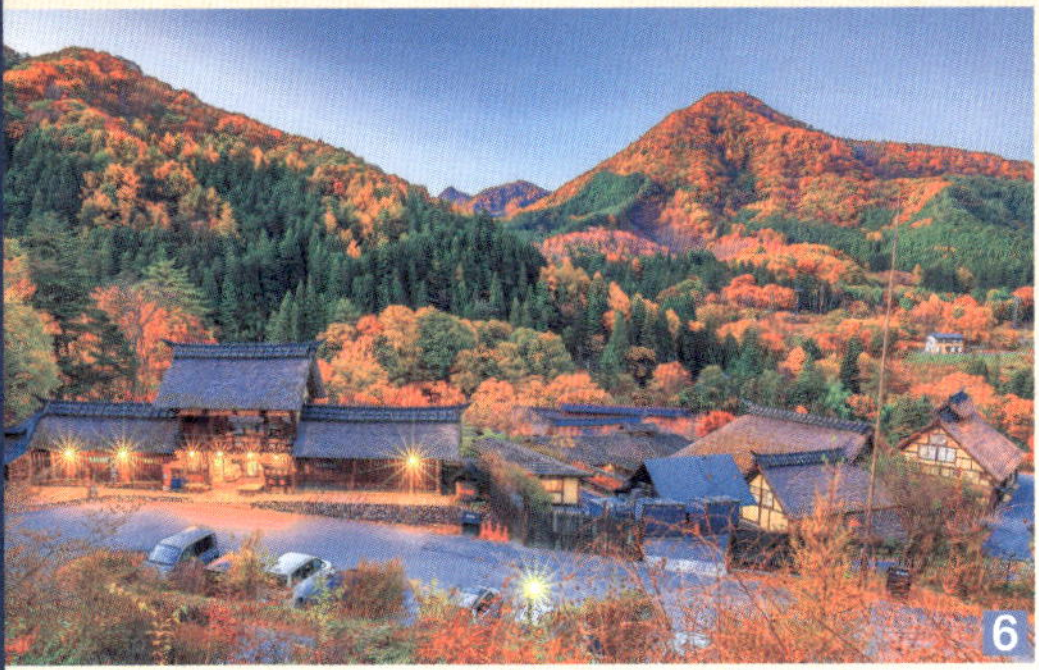

5 本陣内にあるフロント。昔ながらの大福帳が飾られている　6「かやぶきの郷」の玄関口となる長屋門。紅葉に染まる山々との調和が美しい

江戸時代からの歴史を持つ山あいの秘湯

薬師温泉《やくしおんせん》

浅間隠山の麓にある、浅間隠温泉郷のひとつ。寛政5年（1793）に旅の行者により発見されたと伝えられ、今も良質な天然温泉が自噴している。温川《ぬるかわ》の渓流沿いに広がる四季折々の風景が美しく、特に秋の紅葉は見事。宿は1軒のみで、日帰り入浴もできる。

アクセス

中之条駅 ←（JR吾妻線 約55分）← 高崎駅 ←（上越新幹線「たにがわ」「とき」約55分）← 東京駅

7 緑の木々に囲まれた本陣のテラス。明るい光と風が気持ちいい　8 山形県から移築した合掌入母屋造りの紺野家。茅葺き家屋には珍しい3階建て　9 大きな囲炉裏のある本陣くつろぎ処。昔懐かしい雰囲気に心なごむ

かやぶきの郷 旅籠

●かやぶきのさと はたご

宿データ

☎0279-69-2422
所 群馬県東吾妻町本宿3330-20　交 JR吾妻線・中之条駅から車で40分（宿泊の場合は送迎あり・要予約）
in 15:00　out 10:00　室 27室　P あり（50台）
予算 1泊2食付2万円〜3万9500円（税別）

温泉データ

●風呂数
内風呂 男2、女2　露天 男1、女1　貸切 内風呂2（16:00〜、翌日6:00〜、／40分2000円／要予約）
立ち寄り湯 あり（10:00〜16:00／1200円／予約不要）

●泉質
ナトリウム・カルシウム-塩化物・硫酸塩泉／42.8℃／加温・加水あり（一部加温・加水なし）
自家源泉　源泉かけ流し

温泉旅に彩りを添える

ふらっと立ち寄り、ほっこりグルメ

温泉地には古くから親しまれている食がある。素朴で懐かしい味、工夫を凝らした斬新なメニュー、その土地ならではの名物をぜひ！

長年営業を続ける人気の洋食店

群馬県 草津温泉 洋食 MAP P.35

どんぐり

温泉街から少し離れた住宅街にたたずむオープンキッチンのアットホームな店。ハンバーグやステーキ、魚料理やパスタなど、洋食メニューが充実。ハンバーグコースは、スープ、サラダ、パンまたはライス、デザート、飲み物が付いて2700円。

☎0279-88-7222 所群馬県草津町草津562-16 営11:30～14:30（LO）17:30～21:00（LO） 休水曜 交湯畑から徒歩10分 P5台 料Ⓛ1000円～ Ⓓ2000円～ 予望ましい

➔野菜たっぷりのどんぐり風ハンバーグ1080円は、チーズもたっぷりで、フォンドボーソースが決め手

←天井が高く、木のぬくもりあふれる、ゆったりとした店内

温泉街のとっておきランチ

地元で人気のグルメスポットをチェック

チェックアウトのあとのお昼ごはんは名物ランチに挑戦したい。地元産の食材を使ったメニューに舌つづみ。

ひと味違う豆腐のスイーツ

群馬県 伊香保温泉 豆腐料理 MAP P.63

豆腐茶房だんだん《とうふさぼうだんだん》

地元産大豆の「銀嶺」を使い、オカラまでまるごと豆腐に封じ込めた段々豆腐を使った手作りのヘルシーなスイーツやランチが味わえる。卵や乳製品を使わない豆乳プリンや黒胡麻豆乳ムース各530円などがおすすめ。

☎0279-72-2338 所群馬県渋川市伊香保町伊香保20 営11:00～16:30（なくなり次第終了） 休水曜、第2·4火曜（8月は水曜のみ、祝日とイベントのある日は営業） 交伊香保温泉バスターミナルから徒歩10分 Pなし 料Ⓛ1250円

➔冬季限定のあつあつ手作りぜんざい650円。生搾り豆乳と絹ごし豆腐が決め手。1日10食限定

⬇おばさん秘密のおまかせランチ1250円。段々豆腐と地場野菜を中心にしたヘルシーメニューで1日20～30食限定

⬇石段から狭い路地を入ってすぐ

↑禅寺そば 1260円。とろろ、山菜、地元の新鮮な生わさびのほか、すりわさび、胡麻、薬味がふんだんに添えられている

生わさび付きの禅寺そばが人気

静岡県 修善寺温泉 そば MAP P.67

禅風亭なゝ番

ぜんぷうていななばん

↑民芸調で囲炉裏がある温かみのある店

修禅寺で厳しい禅修行を積んだ僧侶たちが断食のあと、山野で山菜を摘み、山芋を掘り、そばを打って食したという伝承を再現した禅寺そばが看板メニュー。まるまる１本添えられた生わさびは、持ち帰りも可能で、茎も漬物にして食べられる。

☎0558-72-0007
所静岡県伊豆市修善寺761-1-3 営10:00～16:00 休木曜（祝日の場合は前日または翌日休） 交修善寺温泉バス停からすぐ Pあり 料Ⓛ630円～ 予予約不可

手作りパンシチューが絶品

神奈川県 強羅温泉 洋食 MAP P.55

Cafe Pic

カフェ ピック

テラス席が広々としていて眼前に噴水が望める。おすすめは考え抜かれたレシピとていねいな調理がうかがえるカレーとパンシチュー。

☎0460-82-2825
所神奈川県箱根町強羅1300 箱根強羅公園内 営10:00～17:00（LO 16:30） 休不定休 交箱根登山ケーブルカー・公園下駅からすぐ Pあり（43台・有料） 料Ⓛ1000円～ 予予約可

↑古い洋館を思わせる重厚なお店

↓大きめのごろごろ野菜と少し辛めのカレーソースが特徴の強羅園カレー

↑ハーブの効いたパンシチュープレート1058円

ジューシーな豆腐かつが名物

神奈川県 強羅温泉 とんかつ MAP P.55

田むら銀かつ亭

たむらぎんかつてい

名物の豆腐かつ煮御膳は、「箱根銀豆腐」の特製豆腐に豚ひき肉を挟んで揚げ、卵と一緒に土鍋で煮込んだ人気メニュー。油はヘルシーな米油、豚肉はブランド豚の「和豚もちぶた」を使用。ブランド豚3種から選べるロースカツ御膳もおすすめだ。

☎0460-82-1440
所神奈川県箱根町強羅1300-739 営11:00～14:30（LO） 17:30～19:30（LO）※季節により変動あり 休火曜の夜、水曜 交箱根登山鉄道・強羅駅から徒歩2分 Pあり（14台） 料Ⓛ1400円～ Ⓓ3000円～ 予予約不可

↑強羅駅の裏手にあり、和のたたずまいが落ち着いた雰囲気

←豆腐かつ煮御膳2100円。ふわふわの豆腐にすき焼き風のタレがしみこみ、一度食べたらやみつきになる味わい

ずがにうどんが食べられる郷土料理の店

静岡県 修善寺温泉 日本料理 MAP P.67

安兵衛

やすべえ

伊豆の四季の味覚が楽しめる。初夏から秋にかけては鮎、秋から春にかけてはアマゴといった清流の魚のほか、狩野川で獲れたズガニを使ったうどんが名物。昼は手ごろなランチメニューがあり、夜はカサゴの唐揚げなどの酒の肴も充実。

☎0558-72-0917
所静岡県伊豆市修善寺868-1 営11:00～13:30 17:00～23:00 休水曜 交伊豆箱根鉄道・修善寺駅から東海バスで7分、みゆき橋下車すぐ Pあり 料Ⓛ1000円～ Ⓓ2000円～ 予予約可

↑柱川に架かる御幸橋のたもとに建つ創業約40年の磯料理と季節料理の店

→ずがにうどん 1080円。ズガニとはモクズガニのことで、狩野川で獲れたズガニでだしをとった味噌仕立てのうどん

カフェで味わう草津の温泉情緒

群馬県 草津温泉 MAP P.35

湯畑草菴足湯カフェ

ゆばたけそうあんあしゆカフェ

湯畑の目の前に立地する素泊まりの宿「湯畑草菴」の1階に併設のカフェ。人気の足湯席のほか、手湯席、テーブル席、カウンター席がある。メニューは多彩で郷土料理のおっきりこみや花豆抹茶のソフトやパンケーキなど、草津ならではの味が楽しめる。

☎0279-88-0811
所群馬県草津町118-1 営10:00～21:30(LO) 休無休 交草津温泉バスターミナルから徒歩5分・湯畑前 Pなし

↑夜になると浴槽がライトアップされ、幻想的な雰囲気に

↑入口は狭い通路になっていて、さながら隠れ家のよう

→上州の郷土料理おっきりこみ1296円は、群馬県産の正田醤油か合わせ麦味噌から選べるほか、3種類がある

心なごむ ほっこりカフェ

お散歩途中に ちょっとひと休み

素敵な景色、自慢のスイーツ、雰囲気のいいインテリア。疲れを癒してくれる休憩スポットならこちら。

自家焙煎コーヒーと石焼カレー

群馬県 伊香保温泉 MAP P.63

大正浪漫 黒船屋

たいしょうろまん くろふねや

本格コーヒーと石焼カレーを中心に、石焼ハンバーグやカラメル・パンケーキなどのスイーツもあるレトロな雰囲気のカフェ。石焼カレーは、贅沢カレー、旬の野菜カレー、きのことチーズのカレーの3種類があり、一番人気は、贅沢カレー。

☎0279-20-3962
所群馬県渋川市伊香保町伊香保20 営10:00～17:00(LO16:30) 18:30～翌2:00(夜はラーメンのみ) 休木曜 交伊香保温泉バスターミナルから徒歩10分 Pなし

↑贅沢カレー1480円。上州ブランド豚「とことん」をじっくり煮込んだトロトロの角煮と旬の野菜をトッピング

←石段から狭い路地を入ったところにあり、カフェとしても、ランチスポットとしても利用できる

←古民家を利用した店内には、アンティークなカップなども飾られ、自家焙煎の石段珈琲の量り売りもしている

箱根の名水で作った手作り甘味

神奈川県 強羅温泉 MAP P.55

強羅花詩

ごうらはなことば

大正創業の老舗。宮城野にある本店に湧く嬰寿《えいじゅ》の名水を用い、熟練の職人が手作りする餡やお餅、季節の和菓子は心身ともにくつろげるあたたかな味。カフェで供されるお茶やコーヒーも嬰寿の名水を使う。

☎0460-82-9011 所神奈川県箱根町強羅1300 営10:00～17:00 休水曜 交箱根登山鉄道・強羅駅からすぐ Pなし

↑強羅駅前すぐ。ほかに宮城野本店、仙石原店がある。本店店頭にある泉は、汲んで持ち帰る人も多い名水

↑あんみつ 780円。寒天、餡、黒蜜にいたるまで名水で手作り。おみやげに人気の温泉餅をトッピング

↑ジャーマンドッグ550円。本場ドイツ風ソーセージをザワークラウト、香味マスタードで味わう

←西の河原通りの中ほどにある極楽館のレセプションを兼ねるカフェスペース。モーニング800円も人気

貸切源泉とオープンカフェ

群馬県 草津温泉 MAP P.35

カフェ・スパ・ノイエポスト

大正14年(1925)創業の和風旅館「極楽館」の1階に店を構える。源泉かけ流しの貸切風呂を備え、立ち寄り湯が楽しめる。夏はテラス席で群馬県産の地ビールやホットドッグ、ソーセージなど、冬は自家製のホットワインやウインナーコーヒーを提供。

☎0279-88-1610 所群馬県草津町草津507 営8:30～18:00 休木曜 交湯畑から徒歩5分 Pなし

↖イチオシは、伊豆牛ハヤシライス、ミニサラダ付き950円

ホッとするやさしい味に癒される

静岡県 修善寺温泉 MAP P.67

honohono cafe

ホノホノ カフェ

静かな裏通りにあり、修善寺の特産である黒米を使った「黒米シフォンケーキ」など、地元の食材を使った体にやさしいメニューが並ぶ。

☎0558-72-2500 所静岡県伊豆市修善寺882-9 営11:00～16:00 休火曜、第3水曜、不定休あり 交修善寺温泉バス停から徒歩8分 Pあり

→愛犬もOKのテラス席を用意している

インテリアも器も趣ある和カフェ

静岡県 修善寺温泉 MAP P.67

茶庵 芙蓉

ちゃあん ふよう

源範頼の墓のすぐそばにある築約100年の木造家屋の一軒家カフェ。四季折々の風情を見せる庭を眺めながら、ゆったりとした時間を過ごせる。

☎0558-72-0135 所静岡県伊豆市修善寺1082 営10:00～16:00 休不定休 交修善寺温泉バス停から徒歩10分 Pあり

→明治末期に建てられた落ち着いた店内

↓抹茶白玉あずき800円。庭の梅を使った梅ジュースも好評

温泉街さんぽに欠かせない

食べ歩き&おみやげ

温泉まんじゅうを筆頭に、ソフトクリーム、温泉たまごと、シンプルだからこそおいしいできたて食べ歩き。

群馬県　草津温泉

草津味ソフト《くさつみソフト》

380円

湯畑から徒歩30秒、昼間から営業している居酒屋。「ほろ酔いセット」がお得。地酒「水芭蕉」入りのソフトクリームも大好評。

六合産花豆の甘露煮をのせた草津産熊笹のソフトクリーム

ここで買えます!

居酒屋キッチン笑りぃ《いざかやキッチンえりぃ》

MAP P.35

☎0279-82-1323

所 群馬県草津町草津380-6

営 10:00～25:00（フードLO 24:00、ドリンクLO 24:30）

休 無休、臨時休あり　交 草津温泉バスターミナルから徒歩7分

湯畑の前で食べ歩きができる湯けむりの中で味わう温泉たまご

おみやげ用には10個入り1080円

ここで買えます!

頼朝《よりとも》

MAP P.35

☎0279-88-8146

所 群馬県草津町草津116-2

営 9:00～21:00(11～4月は～18:00)　休 不定休　交 草津温泉バスターミナルから徒歩5分・湯畑前

群馬県　草津温泉

温泉たまご《おんせんたまご》

1個120円

種類豊富な味付けの漬物専門店。食べ歩きができる温泉たまごと甘さ控えめの大人の甘酒270円が人気。

ここで買えます!

元祖石段玉こんにゃく(よろづや 伊香保支店)《がんそいしだんたまこんにゃく(よろづや いかほしてん)》

MAP P.63

☎0279-26-7234

所 群馬県渋川市伊香保町伊香保76-5　営 9:00～15:00（売り切れ次第閉店）　休 月～金曜（繁忙期は営業）

交 伊香保温泉バスターミナルから徒歩5分

ワンコインで食べられるプリプリのこんにゃく

群馬県　伊香保温泉

石段たまこんにゃく《いしだんたまこんにゃく》

100円

石段を上り始めるとすぐ。地元伊香保のこんにゃくは醤油ベースのシンプルな味付け。夏場はかき氷も人気。

神奈川県　強羅温泉

しゃくり豆腐《しゃくりとうふ》

210円

ほのかに黄色みを帯びたほの温かい豆腐。水にさらしていないためか、大豆の香り、甘みが豊かに感じられる。

ここで買えます!

箱根 銀豆腐《はこね ぎんどうふ》

MAP P.55

☎0460-82-2652

所 神奈川県箱根町強羅1300-261　営 7:00～17:00（売り切れ次第閉店）　休 木曜　交 箱根登山鉄道・強羅駅から徒歩2分　P あり

名物のしゃくり豆腐が人気午前中に完売する日も多い

群馬県　草津温泉

ちちやバウム《ちちやばうむ》

5個入り 1030円

栗餡をこし餡で包んだまんじゅうは120円食べ歩きに。ちちやバウムは粗目糖の食感がアクセントの懐かしい味。

蒸したての温泉まんじゅうと上品な味わいのちちやバウム

ここで買えます!

本家ちちや湯畑店《ほんけちちやゆばたけてん》

MAP P.35

☎0279-88-3636
所 群馬県草津町草津114
営 9:00～21:00 休 無休 交 草津温泉バスターミナルから徒歩5分・湯畑前

群馬県　草津温泉

草津ラスク《くさつラスク》

8枚入り 510円～

素材にこだわった種類豊富なラスクのほか、ラスクをトッピングできるイタリアンソフトジェラートビュッフェが人気。

キャラメル・アマンドが人気　軽くておみやげにも最適

➡トッピングが楽しめるジェラート食べ放題は500円

ここで買えます!

グランデフューメ草津《グランデフューメくさつ》

MAP P.35

☎0120-066-862
所 群馬県草津町草津594-4
営 9:00～18:00（季節による変動あり）休 無休（季節により変動あり）交 湯畑から徒歩5分

神奈川県　強羅温泉

雲助だんご《くもすけだんご》

3本380円

新潟コシヒカリを炊き上げた手作りだんご。江戸時代に峠を越える旅人が食べたといわれる箱根名物。

懐かしい味の素朴なだんご　雲のように盛られた餡にも注目

⬅北海道産小豆100%の餡のほか、醤油、黒ごまきなこなども

ここで買えます!

雲助だんご 強羅駅前店《くもすけだんご ごうらえきまえてん》

MAP P.55

☎0460-86-1621
所 神奈川県箱根町強羅1300
営 9:00～18:00（12～2月は～17:00）休 1月1日 交 箱根登山鉄道・強羅駅からすぐ

群馬県　伊香保温泉

温泉まんじゅう《おんせんまんじゅう》

1個100円

伊香保温泉の茶色の湯の色をイメージした「湯の花まんじゅう」を考案し、今も昔ながらの手作りの製法だ。

ここで買えます!

勝月堂《しょうげつどう》

MAP P.63

☎0279-72-2121
所 群馬県渋川市伊香保町伊香保591-7 営 9:00～18:00
休 不定休 交 伊香保温泉バスターミナルから徒歩10分

明治43年（1910）創業の老舗が湯の花まんじゅう発祥の店

山梨県　下部温泉

桔梗信玄餅《ききょうしんげんもち》

6個入り1095円

やわらかく弾力のある餅に、黒蜜ときなこをからめて味わう。風呂敷包みで個装されたパッケージも特徴。

風呂敷包みをほどいて黒蜜をとろり　独特の食感と味わいが口の中に広がる

ここで買えます!

下部ホテル ニュー梅月 ほか

意外な見どころにも注目

温泉地周辺の観光スポット

温泉街ならではの湯けむりスポットのほかにも、神社や公園、博物館など見どころが盛りだくさん。

岩石が一面を覆う、荒涼とした風景

栃木県 北温泉 MAP P.39

ドラマに登場

殺生石

せっしょうせき

その昔、九尾《きゅうび》の狐が悪行をはたらいて退治され、毒石となった「九尾の狐伝説」が残る石。周辺には硫黄臭が立ち込め、一面岩石に覆われる異様な風景が広がる。

☎0287-76-2619
（那須町観光協会）
所栃木県那須町湯本182 営休料見学自由 交JR那須塩原駅から関東バスで50分、那須湯本下車、徒歩3分 Pあり（13台）

➡駐車場から木道が整備され、散策が快適

信玄の隠し金山伝説が残る遺跡

山梨県 下部温泉 MAP P.43

甲斐黄金村・湯之奥金山博物館

かいおうごんむら・ゆのおくきんざんはくぶつかん

戦国時代に栄えた毛無山山中の湯之奥金山を紹介する博物館。金山での作業や生活ぶりを実物大模型や映像などで詳しく解説。砂金採りの体験も楽しめる。

☎0556-36-0015
所山梨県身延町上之平1787 営9:00～17:00（7～9月は～18:00）※入館は閉館の30分前まで 休水曜（祝日の場合は翌日休） 料入館500円、砂金採り体験700円 交JR下部温泉駅から徒歩3分 Pあり（30台）

⬆下部温泉郷の入口にある。体験で採った砂金はストラップなどに加工もできる

四季折々の花が咲く日本初のフランス式庭園

神奈川県 強羅温泉 MAP P.55

箱根強羅公園

はこねごうらこうえん

大正3年（1914）に開園した歴史ある公園。左右対称に幾何学的に池などが配されたフランス式整型庭園で、園内には噴水池を中心に、ローズガーデンなどの植物園と工芸体験施設、カフェなどがある。

☎0460-82-2825
所神奈川県箱根町強羅1300 営9:00～17:00（季節変動あり。入園は～16:30） 休無休 料入園550円 交箱根登山ケーブルカー・公園下駅からすぐ Pあり（43台・有料）

➡季節を問わず、美しい花が楽しめる

湯けむりが上がる草津温泉のシンボル

群馬県 草津温泉 MAP P.35

ドラマに登場

湯畑

ゆばたけ

温泉街の中心部に湧く草津温泉を代表する源泉で、将軍御汲上の湯や湯滝などの見どころや足湯なども整備され、人気の観光スポットになっている。夜はライティングされ、幻想的。

☎0279-88-0800
（草津温泉観光協会）
所群馬県草津町草津 営休料見学自由 交草津温泉バスターミナルから徒歩5分 Pなし

➡毎分4000ℓ以上の温泉が湧き出し、豪快に湯滝へと流れ落ちていく

温泉が湧き出る遊歩道のある公園

群馬県 草津温泉 MAP P.35

ドラマに登場

西の河原公園

さいのかわらこうえん

湯畑と並ぶ草津の人気スポットで、公園内のいたるところから温泉が湧き出し、足湯スポットもある。公園の最奥には草津最大の大露天風呂がある。

☎0279-88-0800
（草津温泉観光協会）
所群馬県草津町草津 営休料見学自由 交草津温泉バスターミナルから徒歩5分 Pなし

➡かつては「鬼の泉水」と呼ばれていたが、今では憩いのスポットに

風情あふれる石畳の散歩道をそぞろ歩く

静岡県 修善寺温泉 MAP P.67

ドラマに登場

竹林の小径

ちくりんのこみち

桂川《かつらがわ》沿いにある約300mの散策路で、桂橋と滝下《たきした》橋《ばし》の間を結ぶ。道の左右には孟宗竹の林が広がり、途中には茶処やギャラリーもある。

☎0558-72-2501（伊豆市観光協会修善寺支部）
所 静岡県伊豆市修善寺桂川沿い 営休料 散策自由 交 修善寺温泉バス停から徒歩8分 P なし

➔竹の間から差し込む光が心地よい。朝の静寂のなかの散歩も最高だ

岩の間から噴煙が上がる、荒涼とした風景

神奈川県 強羅温泉 MAP P.55

ドラマに登場

大涌谷

おおわくだに

約3000年前、箱根火山の水蒸気爆発により神山が崩壊してできた大涌谷。現在も硫化水素を含む噴煙が噴き出し、立ち枯れた樹木や岩石が荒涼とした風景を形成している。

☎0460-84-5201（大涌谷インフォメーションセンター）
所 神奈川県箱根町仙石原 営 9:00～17:00 休 無休 交 箱根ロープウェイ・大涌谷駅からすぐ P あり（有料）

➔白い噴煙が立ち上り、大地の息吹が感じられる

大主教の訪問を記念して建造

静岡県 修善寺温泉 MAP P.67

ドラマに登場

修善寺ハリストス正教会

しゅぜんじハリストスせいきょうかい

ニコライ大主教が湯治で修善寺を訪れた際、病気平癒を祈願して明治45年(1912)に建造。日本初の聖画家・山下りん作の十字架聖像がある。内部は通常非公開。

所 静岡県伊豆市修善寺861 営休料 見学自由 交 修善寺温泉バス停から徒歩5分 P なし

➔毎月第2日曜の10時から行う聖体礼拝は信徒以外も入場可能

伊香保を愛した文豪の記念館

群馬県 伊香保温泉 MAP P.63

徳冨蘆花記念文学館

とくとみろかきねんぶんがくかん

明治の文豪・徳冨蘆花の書簡、初版本、遺品などを展示。定宿とした旅館「はな山」を復元した記念館には、蘆花が使用した8畳の間が当時のまま移築されている。

☎0279-72-2237
所 群馬県渋川市伊香保町伊香保614-8 営 8:30～17:00（入館は～16:30） 休 無休 料 入館350円 交 JR渋川駅から関越交通バスで25分、榛名口下車、徒歩1分 P あり（70台）

➔蘆花は代表作『不如帰』のなかで、伊香保温泉の魅力に触れている

銀山を守る安産の神様

山形県 銀山温泉 MAP P.71

山の神神社 分社

やまのかみじんじゃ ぶんしゃ

古くから延沢銀山の鎮守とされた神社で、現在は安産・子宝・夫婦円満の神様として知られる。本社は山の中腹にあり、銀山温泉の旅館「古山閣」に分社がある。

☎0237-28-2039（古山閣）
所 山形県尾花沢市銀山温泉423 営休料 参拝自由 交 銀山温泉バス停から徒歩3分 P あり

➔古山閣の玄関脇にある分社

温泉街の中心にある名刹

静岡県 修善寺温泉 MAP P.67

修禅寺

しゅぜんじ

大同2年(807)、弘法大師《こうぼうだいし》により創建。2014年に改修された山門には金剛力士像が安置される。宝物殿に納められている寺宝も必見だ。

☎0558-72-0053
所 静岡県伊豆市修善寺964 営 境内自由、宝物殿8:30～16:30（10～3月は～16:00） 休 宝物殿は不定休 料 宝物殿300円 交 修善寺温泉バス停から徒歩3分 P あり

➔鎌倉幕府の2代将軍・源頼家が幽閉、殺害された地としても知られる

「遠藤さん、役者を引退するって聞いたんですが、本当ですか？」

「おいしいですか?」 みたらし団子を無心に食べる遠藤憲一

「中学生のときの好きだった●さん……」
「そこまずいから、ピーいれてよ」。旅館に持っていく荷物を、仲良くたたみだすディレクターと遠藤憲一

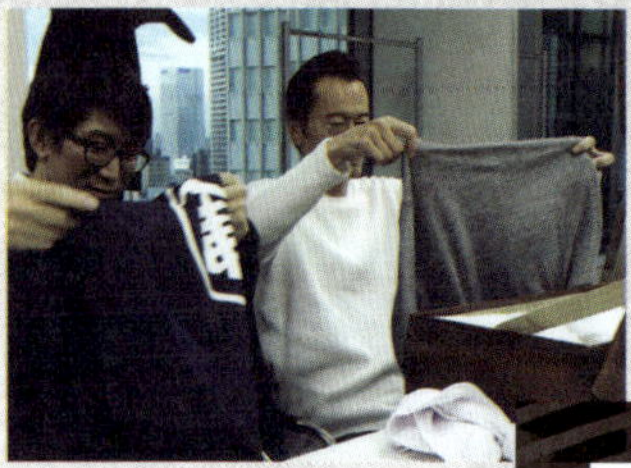

我々は、遠藤憲一の本性を探るべく、
友人たちに話を聞いてみた。
「お酒をやめて毎日、大福を買う」らしい。
「おこづかい制」らしい。
「長い髪でほっそりとした女性が好き」らしい……。

「遠藤さん、役者を引退するって聞いたんですが、本当ですか？」

ロケバスのなか、ディレクターと遠藤憲一が談笑している。
「……だからさ、オレ、ケータリング、やろうかな」
「えッ?」

さすらい温泉♨遠藤憲一

極上温泉ガイド

さすらい温泉
遠藤憲一
人情コスプレ図鑑

トートツ?

トツゼン?

いえいえ、颯爽と!

問題を抱えたワケアリ女性を、扮装した健さんが、いざ、お助けする!!

第1湯では船長に、第2湯では天狗?!に、第3湯ではアイドルオタクに。ときどき?は、あるけれど、トランクあけたら独壇場! あれやこれやに扮装をして、悩み多きマドンナたちをドン底から救い出す……。そんな〝八面六臂の大活躍をする健さんの扮装シーン〟を一挙公開!

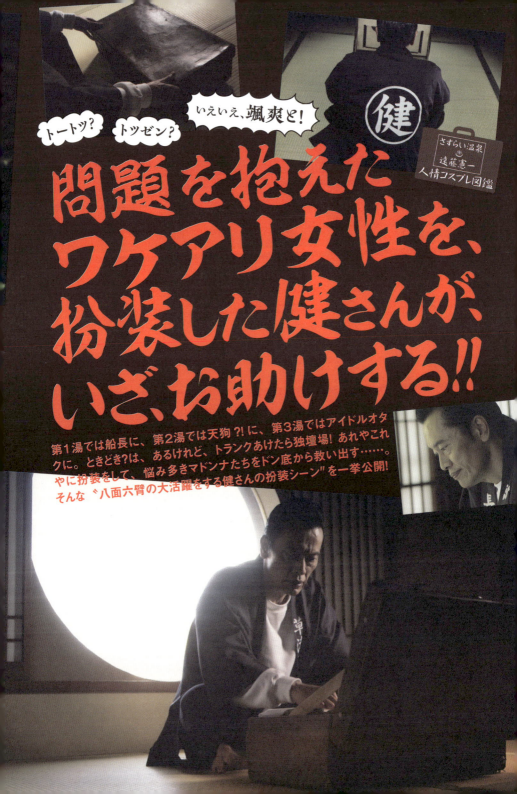

温泉地に船長現る!
「出航〜」、敬礼!って、
格好いいけど、んっ?
(第1湯／草津温泉より「船長」の扮装で)

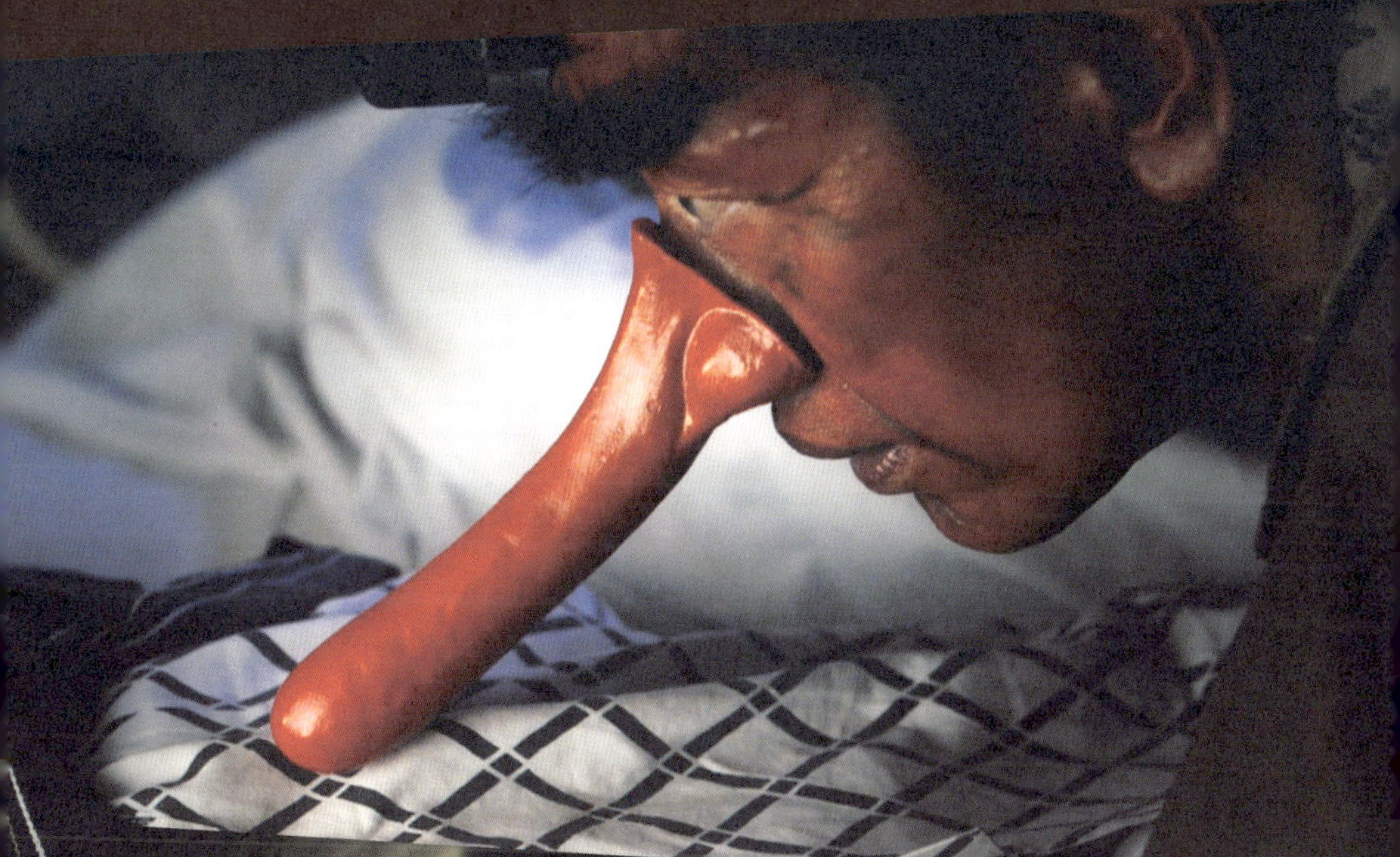

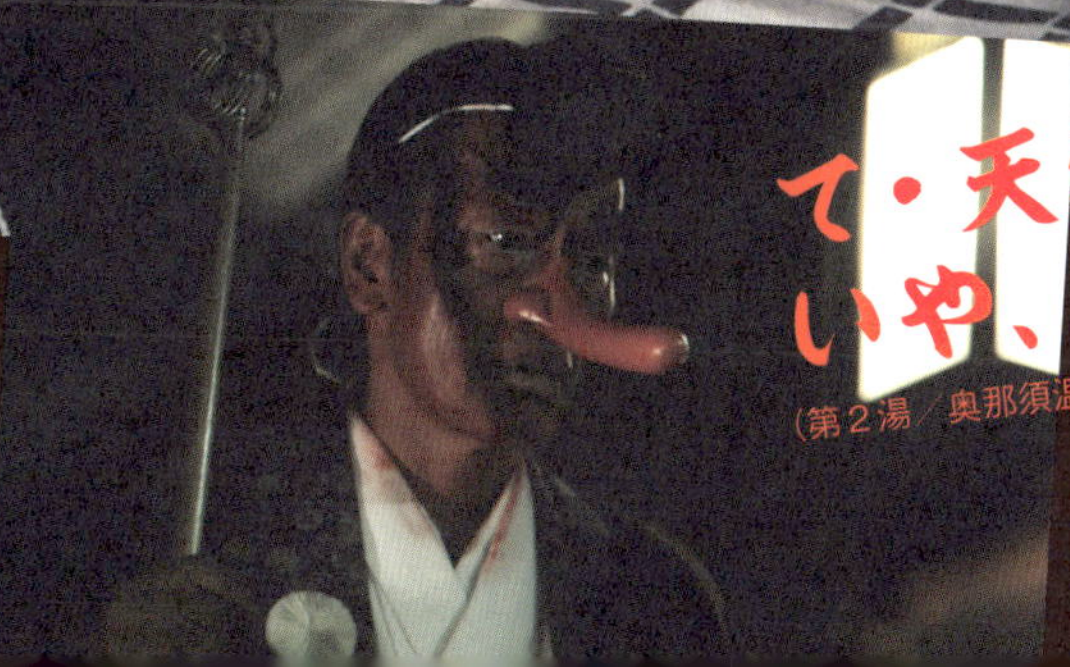

て・天狗ですか?
いや、いや、天狗って!!
(第2湯／奥那須温泉より「天狗」の扮装で)

武田信玄が暗闇から現れ、
ヒロインを橋のたもとに導くと、
その先にいたのは……、
ピンクのTシャツ、
サイリュームを手にした
オタ・ファン？

（第３湯／下部温泉より「武田信玄＆オタ・ファン」の扮装で）

健さんて、妙に女装が
似合うんですが……、
それに漫才ウケてるし。

（第４湯／渋温泉より「漫才師」の扮装で）

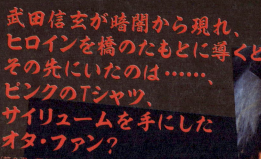

うっ、泣けたなぁ、ホントせつなくて、じんわりあったかくて。兵隊さん姿、沁みます。

（第5湯／法師温泉より「戦争に行った許嫁」の扮装で）

走る、走る、走る、もつれる、……倒れる！それでも〝あきらめない〟。ゴールを切るまで絶対に。

(第6湯／強羅温泉より「駅伝ランナー」の扮装で)

きらーん!包丁1本で、評論家を、めった斬り!

(第7湯/網代温泉より「板さん」の扮装で)

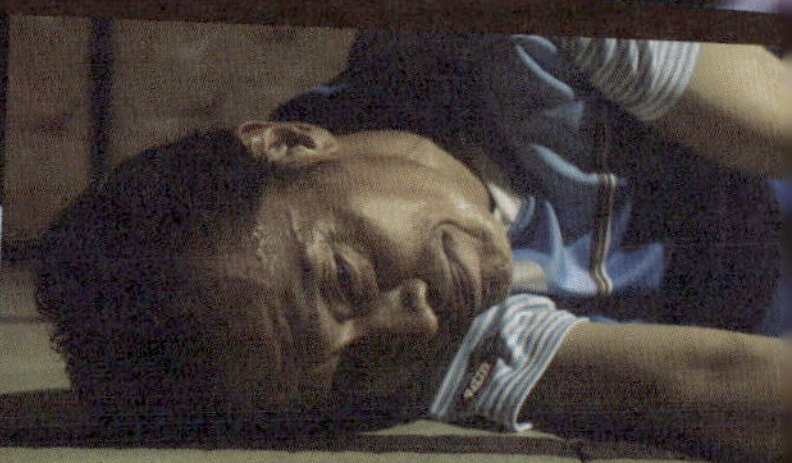

息もつかせぬラリーの応酬
ではなかったけれど、
うん、伝わる、伝わる。

(第8湯/伊香保温泉より「卓球選手」の扮装で)

たったった──、
人力車をかっ飛ばす、身体能力、
足さばきはお見事!

（第９湯／修善寺温泉より「車夫」の扮装で）

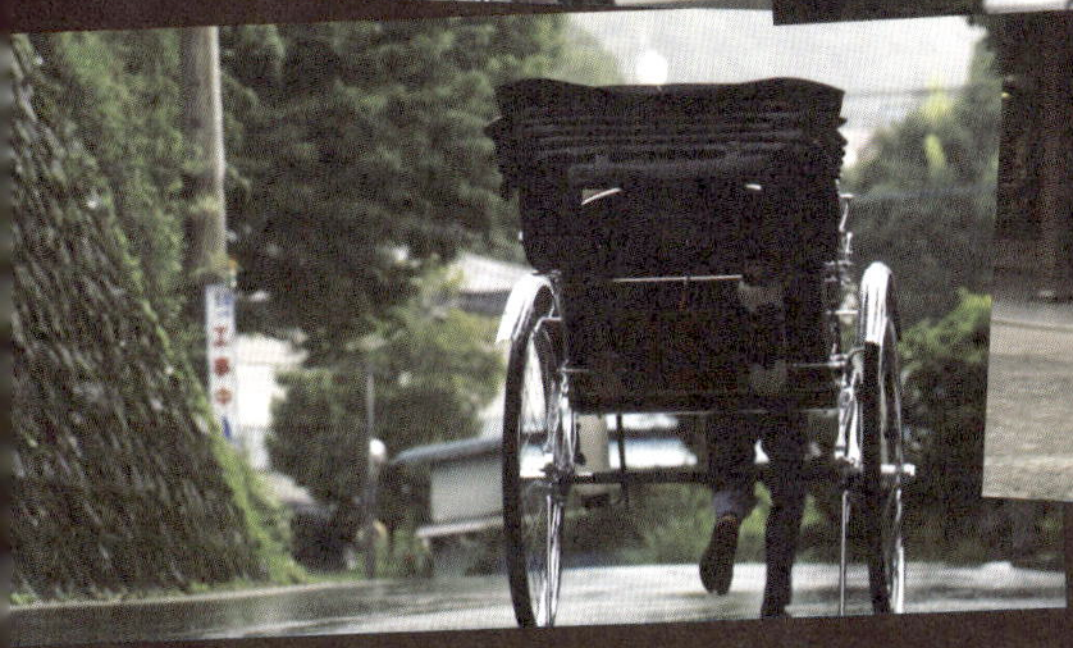

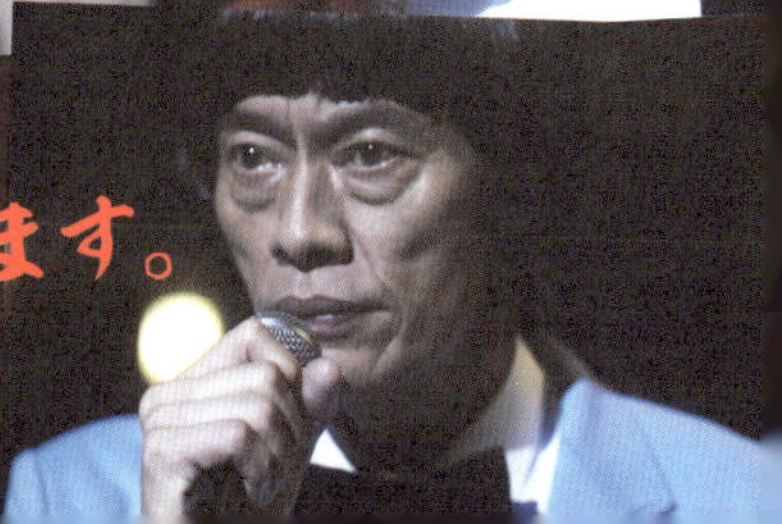

見上げて～……♪
あぁ、しっとりと、
昭和の歌謡曲が聞こえてきます。

（第 10 湯／銀山温泉より「昭和の歌手」の扮装で）

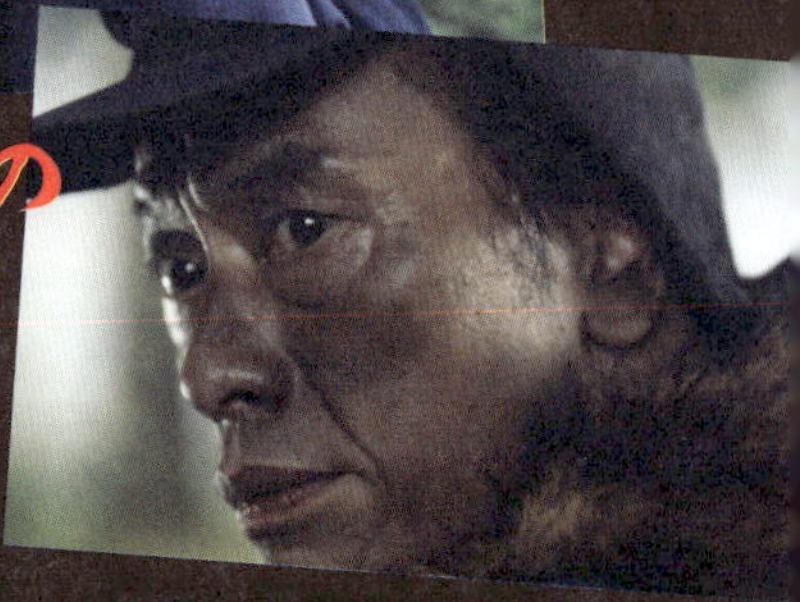

……、……、無言の演技のマタギ……ですね。

（第11湯／養老温泉より「マタギ」の扮装で）

本官は、無念であります!!
マフラーでむせび泣く
健さんに、もらい泣き？

（第12湯／薬師温泉より「おまわりさん」の扮装で）

後藤監督、遠藤憲一さんッ！ ドラマの？？？な部分、教えてください!!

ドラマをよりおもしろく、またハッとさせているのが、随所にちりばめられた〝小技のきいた仕掛け〟である。ざわざわしたり、キュンッ！としたり、うるんとしたり……。ここではそんな『さすらい温泉♨遠藤憲一』のキーワードを、後藤監督とエンケンさんにぶつけてみた。

あのご友人たちって？
本物のお知り合いですか？

本編に入る前に、生身の遠藤憲一をさらけだす「ご友人が語る」エピソードがある。

たとえば、第3湯・下部温泉の回で、役者を辞めることについてスタッフが聞くシーンでは、

「正直言っちゃうと……天職ではないのかも？ そんなに器用なヤツでもないと思うし」と、30年来の友人である伊藤博通さん。

「すごい神経質。台本はひとの3倍読むっていうし」と言うのは、美容室店主の荒井伸次さん。焼き鳥店のママにいたっては、

「ひとの10倍は練習しますね。いまもめいっぱいやってるから、それで疲れが出て、壁にあたったんじゃないかな」と、推測したりもする。

第4湯・法師温泉の回では、「どうして仲居になったのか？」というスタッフの問いに、「こづかい制というか、まぁ、手渡しで（お金を）渡すので、なんとなくおこづかいみたいな。自分で銀行に行って、お金をおろしたりできないので」と、所属事務所スタッフの鷲尾美奈子さんは言ったり。

第7湯・網代温泉の回では、女性の好みに

ついて聞くと、
「女のひと、みんな好きだと思います。よく衣装さんの肩を抱いているし。んふふ」と、番組スタッフの本間かなみさんは言う。

「本当に仲のいい、エンケンさんにいちばん近いひとに『気を遣うのではなく、本当のことを言ってください』とお願いしました。〝刺激的な言い回し〟も、近いからこそ言える言葉だし、だからこそおもしろいと思ってくださったんだと思います」と後藤監督。

「どっちみちフィクションですけど、せっかくなら自分に近いものがあったほうがいいなと思って。自分にあるものを、聞いてもらうようにしたんです。彼らには、たまにバラエティ番組の出演を頼んだりするから、みんなもうテレビ慣れしちゃってて(笑)」と遠藤さん。

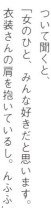

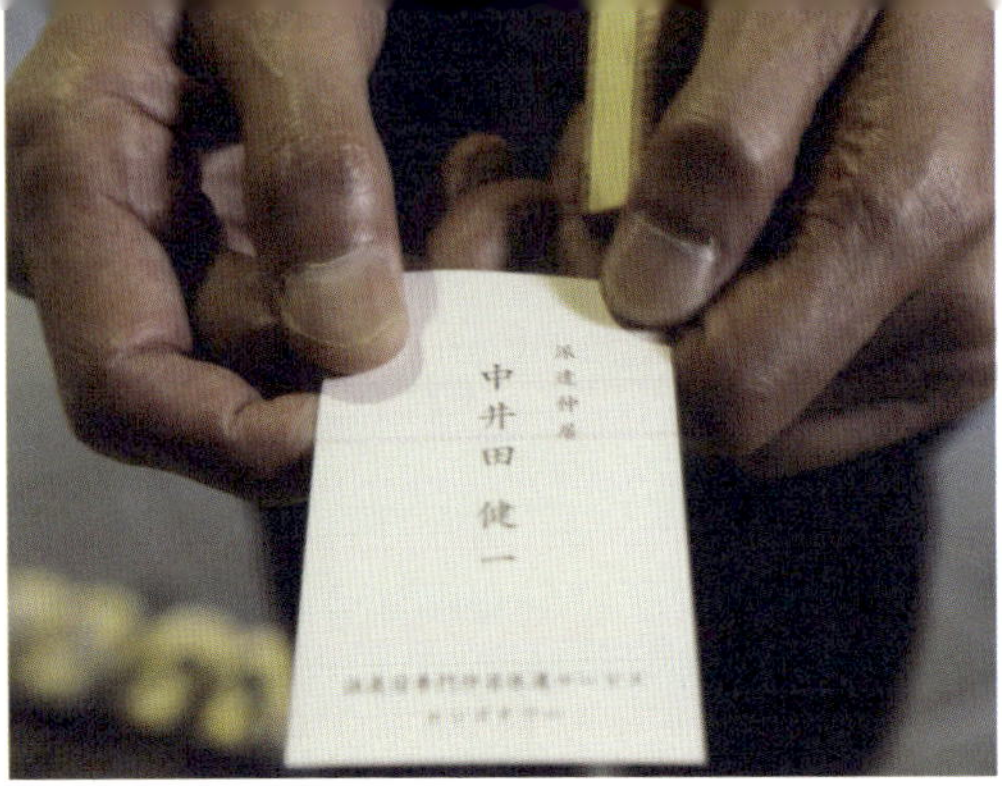

はじめから役柄は仲居さんですか？

なぜ、遠藤憲一さんは、旅館の仲居さんになったんですか？　しかも中井田健一なんて、「健」と「憲」って、ややこしい名前だし、そこらへん、どうなんでしょう。

「最初は、レポーターがいいのか、お客さんがいいのか、あれこれ迷いました。結果〝ひととコミットする〟という意味で、仲居さんいいよね、となりました。『中井田健一』という名前は、ダジャレ好きの脚本家さんが、これしかないと。『健さん』と呼ばせて距離を縮めるのは、どう？　なんて具合に。『湯けむりスナイパー』の源さんにも、近くていーねってのもありましたね。『健さん』て呼び名は、高倉健さんじゃないですけれど、日本人のなかに根づいているものなんじゃないすかね」と後藤監督。

健さんは、独身設定ですか？

健さんは、毎回、旅館に来たお客さんや仲居さん、女将さんたちなど、魅力的なマドンナに見惚れて、すぐキュンとなっちゃいますよね。でもすぐに、あっさりフラれる。そして次の宿で性懲《しょうこ》りもなく、また誰かに一目惚れしてしまいますが……、あれ、そういえば健さんて独身ですか？　しかもいったん、自宅に帰って、またあらたにトランクに衣装詰めたりするんでしょうか？

「不明です！　2話で『彼女はいるの？』と聞かれて、きっぱり『いません』と答えていましたね、そういえば……。『家に帰るか？』って？　そりゃあひとつの宿で仲居さんを終えたら、自宅には、帰っているんじゃないですか？　え？　どこって？　エンズタワーじゃない!?　そういえば、エンズタワーの社長が、奥さんだという説もあって……、まぁ、あれこれ妄想して楽しんでいただけたら」と後藤監督。

あの人、だれですか？

冒頭とエンドクレジットに登場する番組スタッフさん、あの人って、テレビ東京の社員ですか？　まったく遠藤さんに相手にされてないかと思えば、急に仲良くなって２人でお風呂入ったり、信玄餅を食べたりしていますが？　遠藤さんも、よくお相手してますよね？

「僕らのスタッフです。ロケバスの運転手。なんの演出もしてません。こういうこと言ってとかは言いますが。彼は俳優でもあるんです。ですから芝居がうまい。あの小うまい感じ。『何回、遠藤さんって言うねん』みたいな。なんか遠藤さんがリアクションすると、「アッ」って言うし。そのへんは、うま～く芝居してもらってます。あのシーンは台本、いっさいなし。僕らがご友人から聞いてきたエンケンさんの知らない話を、その話の最後にエンケンさんにぶつけてリアクションを見る。エンケンさんご本人とは『基本的には無言で通す』と決めていますが、いろいろ本当に言われるから、ぜんぜん無言じゃなくなっている回もありますよ（笑）」と後藤監督。

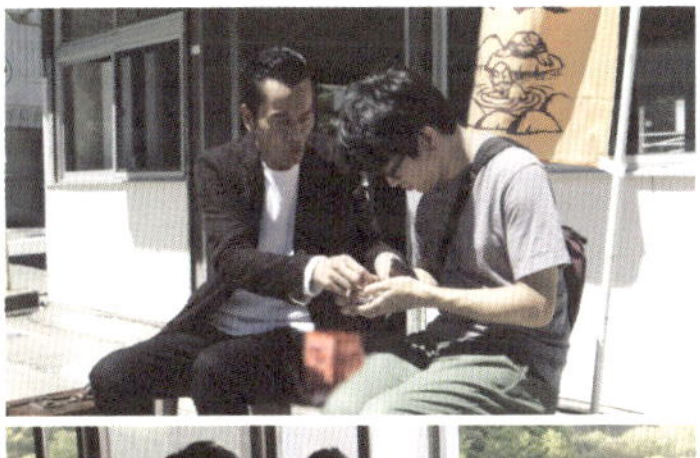

「あのディレクターとのやり取りは、〝最初は無視していても、いずれ２人はしゃべりだす〟という大枠は決めていました。どのタイミングで話しだすかとかは、監督の考えでね。撮ったときと、放送されたものが、ひとつの流れで見せてはいない、切って貼ったりしてるから、徐々に仲良くなるというよりも、急になれたりするんだけど、次の回ではまたツンケンしてる場面もあって……（笑）。だけどまたそれが、おもしろい。だからあえて本編のドラマと、無理してつなげようとは思わなかった。エンターテインメントとして、おもしろければいいなという感じで。『これはこれ、そっちはそっち』というふうに」と遠藤さん。

第11湯「養老温泉」マタギ秘話

扮装がロケ地選びの指針になったと、4ページで後藤監督は話していた。たしかに、健さんの扮装は、ワケアリなマドンナとの出会いがあって、彼女たちが抱えている事情にふれて、それを解決するための〝ある種の武器〟である。でも、なかには「なぜ、そこで、この扮装？」という回もあって。

それが第11湯の養老温泉だ。監督、千葉にマタギは、いましたっけ？

「『扮装、何にする?』でスタートする回もあって、『マタギ』ってあるなと思ったんです。実はシナハンで、山形の姥湯《うはゆ》温泉の桝形屋という山奥の温泉に行ったときに、「マタギ」が浮かんだんですよ。本当は山形で２カ所行って（第10湯で銀山温泉が登場）、秋田の乳頭温泉行って、青森の青荷《あおに》温泉まで行って、どこかで「扮装はマタギにしよう」というイメージだったのに、スケジュールがなくて、泣く泣く断念。

でも「マタギ」はやりたい！　マタギを生業としているひとが、働いたあとに温泉に入って体をいやす文化。そういうイメージが描きたかったので、自然に囲まれている、裏に川がある、少し心寂しい感じ？　そういうところが、関東近辺でないかな～と探したら、養老渓谷が見つかった。実際に行ってみたら、山深い感じもあって、川も渓谷も景色も見応えがある。そこに立ったら、かつてはそういうひとたちも来ていた温泉だったんじゃないかなぁと見えてきて……」と後藤監督。

実際、マタギの扮装をしたエンケンさんは、また違った意味で感慨深く、あのシーンを17ページで語ってくれた。

健さんが歌う、あの鼻歌のような歌は？

毎回、健さんが、各温泉地にちなんだ鼻歌を、気持ちよく口ずさむ場面がある。宿の玄関先やお部屋の掃除をしたり、湯もみをする場面で、ノリながら、いい感じで歌っている。だが、よ～く聞いてみると、なんだかちょっと歌詞が違ったり……。ある回では、楽曲自体が変わっているときもあるようですが。

「どっかの回から、監督から『毎回、歌うようにしましょう。そんなに長くなくていいので』と言われて。初期のころとかは、前日くらいに、歌詞だとか曲だとかを渡されてたのに、終わりのころは、『はい、ここで歌いましょう、これです！　はい』って、突然紙を渡されたりして。俺も覚えきれなくて、歌詞に出てくる場所と、ロケ地がちょっとずれてたり、内容が違ったりするんですよ（笑）。でもそれがおもしろかったですね、ちょっとしたイタズラのようで」と遠藤さん。

「草津で撮影していたときに、『毎回、地元の歌を歌うのってありだよね』となって。脚本には入れずに、僕が場所と歌を決めていたんです。最初のころは、きちんと準備したのですが、ある回でそれがあと回しになって、歌う５分くらい前にご本人に伝えたら、そのほうがおもしろい！　ということになって。最後のほうは、わざとギリギリに伝えましたね。修善寺なんかは歌詞がなくて、ふふっふふーん♪なんて具合に、エンケンさん、歌ってましたね」と後藤監督。

テストなしで本番に挑んだと小耳にはさみましたが？

このドラマは、出会いと別れ、いまどきの社会事象をあらわすかのようなモメゴトを解決するうえに、温泉情報あり、ちらりのお色気あり……と盛りだくさん。まさに大人が深夜、まったりと楽しむには最上級なエンターテインメントだ。

そんなドラマをつくるうえで、監督ご自身がいちばんこだわったものは、なんだったのだろう？

「エンドで、リアルにリアクションしたりするシーンと、劇中ふつうにドラマを演じている遠藤憲一さんは、まったく変わりがありません。なんていうんですかね、同じです。遠藤さんご自身のなかから、湧き上がるものだけで演じるというか、嘘がないからですかね。
そんなご本人の魅力を生かすべく、僕らはたくさんテストをするとか、リハーサルを何度もやって細かく修正するとかしていません。単純に僕とエンケンさんの好みでもあるんですけれど、演出過多というか、つくり込みすぎると、おもしろい芝居じゃなくなるじゃないですか。
リアルな温泉地のよさとか、そういうものを舞台としているので、僕らがつくるものが、フィクション感が強いのはすごくあわないし、イヤだなというか……。セリフや動きは変わってもいいよということで、大きな段取りだけしてもらったら、あとは全部本番!! なので、演じてますけど、かなり素顔の遠藤憲一さんなんです」と後藤監督。

遠藤さん、このドラマを観ていると、とても楽しそうなんですが……。

ドキュメンタリーとフィクションが相まった「さすらい温泉♨遠藤憲一」。虚実入り混じったドラマに、観ている側はどんどんひき込まれるが、はたして演じる側は、どうだったのだろう。

遠藤さん、そこんとこ、教えてください！

「毎回、宿も変わるし、マドンナが変わるのは、楽しかったですね。なるたけゲストが、マジな領域に入る。うーん、言い方をかえれば、彼女たちは何かを抱えて宿に来るひとたちなので、〝キュンとさせなきゃいけない〟。ゲストの方々が、それにどこまで乗ってくるか、「やりづらいんじゃない？」「そのセリフ、言いづらいんじゃない？」って、だんだんやっていくと、そこらへんがバーンと演技や雰囲気にでてくる。それがすごく勉強になるし、やりがいがある。

そのへんは、この番組のスタッフさんたちのなかにある〝おおらかな自由さ〟なんですよね。共演者同士で「こういうのが言いやすいんじゃない？」とかやっているのを、彼らはふっと見ていてくれたりもする。で、現場でやってみて、自由に直したり、変えたりできる。そんな環境、つくり方が決め決めじゃないところが、ゲストの方々もやりやすかったんだと思いますね。実際、ゲストの多くの方たちは、撮影が終わって帰っていくときに『楽しかった』と言ってくれましたし。

何だか知らないけど〝キュンッ！ときたな〟という領域まで……。もちろんものすごく感動したというところまではいかないにしても、突飛な作品なのに、なんか〝コツン！〟って、観てるひとがなってもらえるようなところをめざしてつくっていましたから。

あと、音楽もよかった。石崎ひゅーいさん、ばっちり！　あんなにばっちりあうようなノリと曲をつくってくれると思わなかったから。はじめ、聞かしてもらったんですけど『これ、めっちゃいいじゃないですか！　昭和と現代がマッチングしてて』って。途中の挿入歌もよかった。音楽の力は、すごい大きいですね。

このドラマは、脚本の打ち合わせから、一緒にやらせていただきました。現場に行って、四の五の言わないように。そのぶんエネルギーは使いましたが。海外の作品はどうかわかりませんが、映画でもドラマでも、監督、脚本家、プロデューサー、俳優と、専門分野に分かれていますよね。多少のやり取りはあっても、基本は、その分野ごと。だけど、その垣根を越えて、みんなのアイデアでつくりたいと、ここ数年、ずーっと理想にしていたんです。でもそんなこと、なかなかできることではない！　でもこのドラマは、そのひとつのカタチみたいなものを、スタッフと一緒になってやれたんで、大変でしたけれど、ものすごくやりがいのあった作品でしたね」と遠藤さん。

あとがき

後藤庸介監督が考える

「さすらい温泉♨遠藤憲一」とは？

「遠藤憲一が役者を引退し、温泉旅館の仲居さんになって、全国各地の温泉宿を旅していく」、という情報を摑んだテレビ東京のディレクターが、真相を探るべく遠藤憲一を追跡取材するも、ていよく振り切られ……。はたしてこのドラマは、何を意図しているのか？　どこに向かっているのか？　後藤監督に、「さすらい温泉♨遠藤憲一」とは？　を聞いた。

最初、このドラマをつくるときに、エンケンさんがオフのときに、たまたまふらっと温泉を訪れる、そこでちょっとした出会いはあるけれど、かならず別れ、また明日から撮影に臨む、くらいのテイストでいこうかなと考えていました。そんな平坦なものでもいいんじゃないか、だとすると、エンケンさんを、ご本人の役に落とし込んでいくのもありかなと思ったんです。

でもやっぱり、ユルくなりすぎるのも、深夜ドラマとしてもったいない。とはいえ、テレ東さんが得意とするドキュメンタリーというジャンルも残したい、となったときに、やや付け足しっぽくなるかもしれないけれど、エンケンさんのドキュメントな部分を入れてみるか、となったんです。

つくり手としては、結果として、ヘンテコなものがいいと思ってはいましたが、ドラマの前後に、物語と関係のない、(わざわざへたくそにやっているんですけれど)へたくそなドキュメンタリーがあると、物語と分断されすぎてしまうのではないか、と懸念したんです。

僕は、それはまったくよろしくないと考えていたし、いろいろな人と話していくなかで、とくにエンケンさんご本人と話しながら、どういうふうにすれば「いい意味で見たこともないヘンなもの」になり、しかも「ドキュメンタリー的なものが特徴」にもなり、かつ、作品としてちゃんと一貫性があるものになるのか?を話し込みました。

そして結果、いろいろなことをやっていくうちに、これは「俳優・遠藤憲一のドキュメンタリーである」、ひとつの番組を「総体としてみれば」というふうに視聴者にみえるとしたら、それはおもしろいかな?というところにいきついたのです。

ドラマの前後に起きていることは、本当に演出していません。こんなことしたら、おもしろいことが起こるかも!と企んだうえで、シチュエーションは準備してますけど、基本的に本当にリアルにやってもらっています。何を話すかも決めないで、芝居はまったくない。

ドラマの冒頭で、毎回、ディレクターが、エンケンさんに、「役者辞めるん

ですか?」と、インタビューしているところもそう。エンドで、同じディレクターが、エンケンさんに再度、熱くアタックするも、無視されたりするところもそう。ご友人たちが証言するシーンだって、僕らが勝手にアポをとって、勝手にインタビューを撮って、勝手に使っているんです。もちろん社長(=奥さん)からは紹介してもらっていますけれど、勝手に会って勝手に話聞いて、勝手に使っています。

だから「えっ、これ、使うんですか?」とあとから言われたこともあります。わざとすごいへたなドキュメンタリーとしてコミカルに描いているので、ヤラセっぽくみえるかもしれませんけど、あれ、だから、リアルなエンケンさん像なんですよね。「漢字がいっさい読めない」とか「ホント、女好きで、酒が弱くて、バカみたいなやつなんだよ」と言ったあとに、すごい渋い声で番組のナレーションが始まるじゃないですか。「漢字読めないくせに、このナレーションはどうしたんだ!」みたいな(笑)。「(渋めに)草津温泉——」とか言ってみたり。「それ、ふり仮名全部、ふってあるんじゃないの?」みたいな、そういう楽しみ方が、みえてくるといいなぁと。

ただ、そこを「ほらっ!」と、大声でいうつもりはない。1話分を観終わったあとに「エンケンさんってホントはこんなひとなんだ」とか、「忙しくてお金使う暇ない」って言っているけど、わざわざ何時間もかけて山形きて、撮影して。それで、しんどいわって言いながら6時間かけて帰るんだ、とい

うふうに。ドラマを観るひとが、情報を集めていくとみえてくる。付け足したなってみえてもいいと、僕は思っていますし、僕ら自身、つくっている側も一貫したおもしろさを追求しているというか。

でもね、エンケンさんって、芝居がすべてだということが、全部見ているとよくわかると思うんです。

ようするにドラマを遠藤憲一が演じている、作品を見せることが、遠藤憲一のドキュメンタリーのすべて——。遠藤憲一さんの一日をカメラで追っても、ほぼ撮影しているだけですから。台本を読んでいる、移動している、撮影をしている、これ以外の遠藤憲一はいないので（笑）。

ですから、俳優・遠藤憲一は、イコール人間・遠藤憲一になる。

だからこのドラマは、エンケンさんの全部を見せているんです。朝起きて、迎えの車に乗って、移動して、着いたあとはドラマ撮っている。で帰ってきて、寝る。ちょっと時間があれば、喫茶店で台本読んでいるというような……（あくまで見込みですが）。

ですから〝人間・遠藤憲一を、いちばんおもしろくドキュメンタリーにしたら、たぶんこのカタチになるんじゃないか〟っていうのが、「さすらい温泉♨遠藤憲一」なのです。

「では引退について、ご自身の口からお願いします」

「このドラマをもって引退するって本当ですか？」

「…………」

温泉がある限り、俺の旅は続く。果てしない仲居の旅。さすらい温泉――、次はどこの温泉地へ行こうか。

ドラマパラビ「さすらい温泉♨遠藤憲一」

脚本 ──────── 田中眞一
監督 ──────── 後藤庸介
助監督 ─────── 山嵜晋平
制作担当 ────── 山田真史　稲垣隆治
チーフプロデューサー ─ 山鹿達也
アシスタントプロデューサー ─ 本間かなみ
プロデューサー ── 阿部真士　後藤庸介　関友彦
制作 ──────── テレビ東京／コギトワークス
製作著作 ────── 「さすらい温泉 遠藤憲一」製作委員会

スピンオフ「さすらい温泉 混浴旅情」
Paravi限定配信中!
まずは30日間無料体験!

DVD BOX
2019.7.3(水)発売!

©「さすらい温泉♨遠藤憲一」製作委員会
※写真はイメージです

【書籍スタッフ】

ブック・デザイン ── カワチコーシ（HONA DESIGN）

編集 ── 大久保寛子

撮影 ── 宇都宮輝
※ドラマの場面以外の遠藤憲一撮影

TAC出版担当 ── 君塚太　藤明隆

企画・編集協力 ── 阿部真士　横田純平（テレビ東京）

取材協力 ── 後藤庸介　エンズタワー

編集 ── K&Bパブリッシャーズ

取材・執筆・撮影 ── 成沢拓司　遠藤優子　高橋靖乃　森合紀子

地図制作 ── トラベラ・ドットネット

写真協力 ── 関係各市町村観光課・観光協会　関係諸施設　PIXTA

〈「極上温泉旅館ガイド」「ふらっと立ち寄り、ほっこりグルメ」〉

さすらい温泉 遠藤憲一 極上温泉ガイド

2019年3月30日　初版　第1刷発行

著　者　テレビ東京／「さすらい温泉 遠藤憲一」製作委員会

発行者　多田敏男

発行所　TAC株式会社　出版事業部（TAC出版）
〒101-8383　東京都千代田区神田三崎町3-2-18
電話　03（5276）9492（営業）
FAX　03（5276）9674
https://shuppan.tac-school.co.jp

印　刷　株式会社　光邦

製　本　東京美術紙工協業組合

©2019 "Wandering Onsen Kenichi Endo" Film Partners
Printed in Japan
ISBN　978-4-8132-8377-5
N.D.C. 291

落丁・乱丁本はお取り替えいたします。

本書は、「著作権法」によって、著作権等の権利が保護されている著作物です。本書の全部または一部につき、無断で転載、複写されると著作権等の権利侵害になります。上記のような使い方をされる場合には、あらかじめ弊社宛許諾を求めてください。

本書に掲載した地図の作成に当たっては、国土地理院長の承認を得て、同院発行の数値地図（国土基本情報）電子国土基本図（地図情報）、数値地図（国土基本情報）電子国土基本図（地名情報）及び数値地図（国土基本情報20万）を使用しました。（承認番号　平30情使、第1471号）